Ralf D. Brinkmann
Kurt H. Stapf

Innere Kündigung

Ralf D. Brinkmann
Kurt H. Stapf

Innere Kündigung

*Wenn der Job
zur Fassade wird*

C.H.Beck

Mit 18 Abbildungen und 18 Tabellen im Text

© Verlag C.H.Beck oHG, München 2005
Satz: Janß, Pfungstadt
Druck und Bindung: Friedrich Pustet KG, Regensburg
Umschlaggestaltung: +malsy, Bremen
Gedruckt auf säurefreiem, alterungsbeständigem Papier
(hergestellt aus chlorfrei gebleichtem Zellstoff)
Printed in Germany
ISBN 3 406 52815 5

www.beck.de

Inhalt

Vorwort   9

1. Beschreibung eines Phänomens   11
Auf leisen Sohlen   11
Fallbeispiel: Karl (Sachbearbeiter, 37 Jahre alt)   11
Fallbeispiel: Susanne (Bankkauffrau, 42 Jahre alt)   12
Entstehung des Begriffs   14
Der Unwille zur Anstrengung   16
Geben und Nehmen oder: Der psychologische
  Arbeitsvertrag   21
Innere oder äußere Kündigung – eine Frage des
  Nutzens?   27
Innere Kündigung seitens der Führungskraft   29
Gibst du mir – gebe ich dir!   31
Wie verbreitet ist das Phänomen der inneren
  Kündigung?   33
Symptome und Indikatoren innerer Kündigung   40
Gibt es das Kainsmal der inneren Kündigung?   40
Woran lässt sich im Unternehmen das Vorliegen innerer
  Kündigung ablesen?   43
Checkliste 1: Neigung zur inneren Kündigung   46

2. Ursachen innerer Kündigung   52
Gesellschaftliche Ursachen oder: Das Schlagwort vom
  Wertewandel   53
Lösung: Sinn-Management – ein Weg aus der
  Orientierungslosigkeit   59
Misstrauenskulturen, Visionslosigkeit und unflexible
  Organisationsstrukturen   61
Fallbeispiel: Der verlorene Bauauftrag   63
Fallbeispiel: Die enttäuschte Projektgruppe   68
Lösung: Den Gestaltungsrahmen des Personal-
  managements nutzen   71

Wer einen Personalabbau «überlebt», gerät häufiger in
die innere Kündigung 72
Lösung: Keine Wunden schlagen oder: Vom richtigen
Umgang mit Personalabbau 77
Führungsfehler und ihre Folgen 79
Fallbeispiel: Der Kredit 82
Fallbeispiel: Der neue Führungsstil 90
Checkliste 2: Sensibilisierung von Führungskräften 93
Lösung: Ansatzpunkt Führungskräfte 96
Ein Stufenmodell für die «Reaktivierung» 99
Wenn die Arbeitsgruppe zum Auslöser für eine innere
Kündigung wird 102
Fallbeispiel: Die neue Arbeitsstelle 104
Exkurs: Mobbing und innere Kündigung 107
Welche Ursachen für eine innere Kündigung finden sich
in der Persönlichkeit des Mitarbeiters und im privaten
Umfeld? 112
Fallbeispiel: Enttäuschte Erwartungen 113
Fallbeispiel: Wenn nur die Note zählt! 116
Lösung: Was tun bei «Karriere-Endstationen»? 117
Seniorität oder: Wenn das Alter der inneren Kündigung
Vorschub leistet 120
Fallbeispiel: Berufliche Sackgasse 121
Lösung: Kreativer Umgang mit älteren Mitarbeitern 124
Spezifische Arbeitsbedingungen 125
Lösung: Empowerment oder: Die Erweiterung von
Handlungsspielraum 129

3. **Individuelles Leiden an der inneren Kündigung** 132
Erlernte Hilflosigkeit 135
Wenn Menschen «ausbrennen» – das Burnout-Syndrom 138
Lösung: Soziale Unterstützung – wenn andere den
«Frust» erträglicher machen 139
Das Modell beruflicher Gratifikationskrisen 142
Fallbeispiel: Der Herzinfarkt 144
Erkennen und Verändern von Einstellungen 146

4. **Psychologische Erklärungsansätze** 151
Wenn der Antrieb fehlt 151

Vom Wert der Ziele und der Erwartung, sie erreichen
zu können   153
In der Situation verharren oder handeln?   154
Den Erfolg suchen oder den Misserfolg meiden?   155
Vom Gefühl des Eingebundenseins und der Verpflichtung 158
Fallbeispiel: Mangelndes Commitment der
Brandamtsräte   161
Fallbeispiel: Am Band   164
Exkurs: Das Verhältnis von innerer Kündigung und
Arbeitssucht   166
Innere Kündigung als geglückte Anpassung   169
Fallbeispiel: Die angestrebte Professur   171
Innere Kündigung – eine Strategie der Individualisierung
betrieblicher Probleme durch Arbeitgeber?   173
Fallbeispiel: Die «Rennliste»   176
Lösung: Für Klarheit bei den Leistungsnormen sorgen   178
Die Sicht der Arbeitszufriedenheitsforschung   179
Lösung: Wie «wahr» ist Wahrnehmung?   187
Problemlösungskompetenz – von der Emotion zum
Handeln   191

5. **Unsere Fallbeispiele und weitere Lösungsansätze**   194
   Fallbeispiel Karl   194
   Fallbeispiel Susanne   198
   Wechselwirkung zwischen den Faktoren «Person»,
   «Situation» und «Organisation»   201
   Mitarbeiterauswahl oder: Schlüssel und Schloss müssen
   passen   203
   Mitarbeiter entwickeln und weiterqualifizieren   206
   Das Orientierungsgespräch im Rahmen der Personal-
   entwicklung   207

6. **Unser Schlusswort!**   209

   Anhang
   Literatur   213
   Die Autoren   220

Vorwort

Die Leistungsbereitschaft der Mitarbeiter zu erhalten und womöglich zu steigern ist ein zentrales Anliegen jedes Unternehmens, wenn es im harten Konkurrenzkampf am Markt bestehen will. Die Suche nach entsprechenden Mitteln und Wegen ist aber auch eine wichtige Forschungsaufgabe der Psychologie, im Speziellen der Wirtschaftspsychologie. Bei diesen Bemühungen der Unternehmen wie der Wissenschaft scheint ein Faktor bisher zu wenig berücksichtigt worden zu sein – Mitarbeiter in der «inneren Kündigung». Reinhold Sprenger spricht in seinem Buch *Mythos Motivation* aus dem Jahr 1992 vom «Gespenst der inneren Kündigung», das in den Unternehmen umgeht. Und Fachleute sind sich darin einig, dass die betriebswirtschaftlichen Schäden für die Unternehmen und die negativen Folgen für die Betroffenen beachtlich, aber nicht ohne weiteres abschätzbar sind. Vordergründig scheint die innere Kündigung für die Betroffenen eine möglicherweise geeignete Strategie der Lösung ihres Problems zu sein, im Endeffekt profitiert jedoch weder der innerlich Gekündigte noch das Unternehmen von diesem Geschehen.

Mit dem vorliegenden Buch verfolgen wir mehrere Ziele. Wir möchten zum einen das Phänomen der inneren Kündigung in seinem facettenreichen Auftreten beleuchten und zum anderen die Ursachen, Erscheinungsformen und Folgen von innerer Kündigung diskutieren. Dies geschieht, um den Leser für das vielfältig verursachte Geschehen, das der inneren Kündigung zugrunde liegt, zu sensibilisieren. Zentrale Ursache für eine innere Kündigung ist für uns der Bruch des «psychologischen Arbeitsvertrages». Dieser «psychologische Vertrag», der eine Vielzahl unausgesprochener Erwartungen seitens der Arbeitnehmer an das Unternehmen oder den Dienstherrn beinhaltet, wird aufgrund unterschiedlichster Vorkommnisse von den betroffenen Mitarbeitern als nicht erfüllt angesehen, worauf sie – für das Umfeld nicht wahrnehmbar – mit einem Rückzug reagieren.

Da empirische Forschungen zur «inneren Kündigung» noch spärlich sind und Darstellungen des Phänomens in erster Linie auf Plausibilitätsschlüssen und nicht auf ausreichenden empirischen Befunden basieren, untermauern wir die jeweiligen Sichtweisen mit empirischem Material aus unserer eigenen Befragungsstudie zur inneren Kündigung. Dies wiederum eröffnet die Möglichkeit, die innere Kündigung auf der Ebene der Personen, der Arbeitssituation und der Gesamtorganisation zu analysieren und zu beeinflussen. Wir haben uns deshalb dazu entschlossen, die theoretischen Erörterungen und empirischen Fakten durch praktische Fallbeispiele und Lösungsvorschläge zu ergänzen. Damit bietet sich Personalverantwortlichen, aber auch Betroffenen die Chance, Ansatzpunkte für die Ursachensuche und für Veränderungen zu finden. Dies geschieht zum Teil sehr konkret, etwa in Form von Checklisten, aber auch in der Darstellung allgemeingültiger Maßnahmen der Prävention von innerer Kündigung auf Ebene der Unternehmensstruktur und -kultur. Weil jedoch «Patentrezepte» nicht verfügbar sind, gilt es, die Erkenntnisse und Hilfestellungen, die der Leser aus dem Buch gewinnt, auf die eigene Situation im Unternehmen zu übertragen und anzupassen.

Wir danken all denjenigen, die sich bereitwillig an unserer Befragungsstudie beteiligt und uns damit einen tieferen Einblick in das Zustandekommen der inneren Kündung ermöglicht haben. Gedankt seien auch dem Lektor des Beck Verlages, Herrn Dr. Stefan Bollmann, für seine Anregungen zur Buchgestaltung, sowie Herrn Werner Hacker für die Durchsicht des Manuskripts.

Korb und Tübingen im Sommer 2005   *Ralf D. Brinkmann*
Kurt H. Stapf

1. Beschreibung eines Phänomens

Wie oft verglimmen die gewaltigsten
Kräfte, weil kein Wind sie anbläst!
(Jeremias Gotthelf)

Auf leisen Sohlen

Die innere Kündigung vollzieht sich leise, in kleinen Schritten und meist für den Betroffenen wie auch für Führungskräfte nicht ohne weiteres wahrnehmbar. Häufig stellt das Phänomen der inneren Kündigung das negative Endresultat eines langwierigen und komplexen Prozesses dar, dem punktuell einschneidende Negativerlebnisse im Arbeitsleben eines Mitarbeiters zu Grunde liegen. Dieser Prozess lässt aus einstmals einsatzbereiten und leistungswilligen Organisationsmitgliedern Mitläufer werden, die täglich nur noch auf den Feierabend warten. Mitarbeiter, die sich von ihrer Tätigkeit innerlich distanziert haben, fallen nicht auf und passen sich der praktizierten Betriebskultur widerspruchslos an.

Fallbeispiel: Karl (Sachbearbeiter, 37 Jahre alt)

«Ich werde den Teufel tun und mich über den täglichen Papierkrieg hinaus noch weiter engagieren.» Mit diesem Satz beginnt Karl in einem Seminar zum Thema Motivation seinen Beitrag. «Meine Freizeit und meine Hobbys sind mir mittlerweile wichtiger als der Job. Dort kommt für meinen Einsatz auch etwas zurück, dort erlebe ich Anerkennung, kann selbst entscheiden, und es steht nicht dauernd einer hinter mir und sagt mir, was ich tun oder lassen soll. Vornherum wird von unseren Chefs immer so getan, als könnten wir mitreden und mitentscheiden; wenn dann aber wirklich einer mit Ideen und Vorschlägen kommt, wird das dann mit Sachzwängen abgebügelt. Wären da nicht meine gesicherte Position im Öffentlichen Dienst, meine Familie und die finanziellen Verpflichtungen durch den Hausbau, dann hätte ich längst gekündigt. Aber so!»

Fallbeispiel: Susanne (Bankkauffrau, 42 Jahre alt)

Susanne äußert sich in einem Coaching-Gespräch wie folgt: «Als ich vor vier Jahren hier angefangen habe, haben die mir das Blaue vom Himmel versprochen: Auslandseinsatz, Weiterbildung, Karriere in der Bank. Nichts davon ist eingetroffen. Und dann muss ich noch täglich meinen Chef ertragen. Der ist fachlich total inkompetent, meint aber, er müsse mir dauernd sagen, wie ich meinen Job machen soll. Zudem hat er von Führung überhaupt keine Ahnung. Setzt uns mit zu hohen Zielvorgaben unter Druck, verlangt Dinge von uns, die er selbst nicht schafft, und ist zu guter Letzt auch noch ein reiner Technokrat, der uns wie Maschinen behandelt. Ich bin ihm gegenüber zwar freundlich, um keinen Konflikt zu provozieren, und liefere ihm auch keinen Grund, mir was vorzuwerfen, aber innerlich mach' ich Dienst nach Vorschrift. Der könnte zwar viel mehr von mir bekommen, aber das sehe ich überhaupt nicht ein.»

Karls und Susannes Äußerungen sind typisch für das Empfinden von Menschen, die innerlich gekündigt haben. Beide sind unzufrieden mit ihrer Arbeit oder den als unzulänglich wahrgenommenen Arbeitsbedingungen, für deren Veränderung sie keine Chance sehen. Innere wie äußere Kündigung basieren teilweise auf derselben empfundenen Arbeits*un*zufriedenheit. Innerlich Gekündigte bleiben jedoch aus Gründen der Nutzenmaximierung oder aus Angst vor einer Veränderung, die finanzielle Nachteile, Unsicherheiten, Verlust von Bindungen und auch sozialen Abstieg mit sich bringen könnte, in der Organisation. Ein wesentliches Merkmal der inneren Kündigung ist ihr lautloser Verlauf. Die innere Kündigung erfolgt nicht offen wie die äußere oder formale Kündigung, im Sinne eines aktiven Aktes, der den Arbeitgeber darüber in Kenntnis setzt, dass die Arbeitskraft des Mitarbeiters für ihn in absehbarer Zeit nicht mehr zur Verfügung steht, sondern im Verborgenen. Die Betroffenen wollen nicht auffallen und verhalten sich überaus geschickt, wenn es darum geht, Konflikte zu vermeiden, da ihnen im schlimmsten Fall eine Kündigung seitens des Arbeitgebers droht.

Eine eigene Untersuchung der Autoren zur inneren Kündigung, die sich mit deren Verbreitung, Ursachen und Beeinflussungsmöglichkeiten befasst, zeigt, dass in erster Linie enttäuschte Erwartungen an die Arbeitssituation als Ursache für eine innere Kündigung angesehen werden (Brinkmann & Stapf, 2001). Sie gilt als Prozess, der durchaus bewusst, aber so unauffällig wie möglich vollzogen wird, damit der Betroffene den Arbeitsplatz nicht verliert. An besagter Studie nahmen 486 Mitarbeiter von Kreditinstituten sowie 165 Mitarbeiter von zwei großen Behörden teil. Zweck war, wichtige Aspekte der inneren Kündigung sichtbar und einer Beurteilung zugänglich zu machen. Um Betroffene nicht zu «enttarnen» und sozial erwünschte Antworten zu vermeiden, haben wir Merkmale innerer Kündigung indirekt erfasst. Deshalb wurde auf die Frage: «Haben Sie innerlich gekündigt?» verzichtet. Erhoben wurden stattdessen Einstellungen zu verschiedenen Aspekten der beruflichen Tätigkeit, der Arbeits- und Lebenssituation. Dazu wurde ein standardisierter Fragebogen entwickelt.

In den folgenden Kapiteln werden die Ursachen für eine innere Kündigung sowie deren Folgen für die Betroffenen näher beleuchtet. Dazu werden auch ausgewählte Ergebnisse unserer Untersuchung und empirische Daten aus Studien anderer Autoren eingebunden. Die Beschreibung des Phänomens aus der Sicht verschiedener psychologischer Theorien macht anschließend die Wirkzusammenhänge bei der Genese des Rückzugsverhaltens verständlich. Und last but not least werden aus der Verknüpfung theoretischer Erklärungsansätze und empirischer Ergebnisse Lösungen und Auswege für eine Überwindung der inneren Kündigung entwickelt.

Entstehung des Begriffs

Von «innerer Kündigung» wird seit über zwei Jahrzehnten gesprochen. Bekannt wurde der Begriff Anfang der 1980er Jahre durch verschiedene Veröffentlichungen von Reinhard Höhn, dem Leiter der Akademie der Führungskräfte der Wirtschaft, Bad Harzburg. In einem Artikel der *Frankfurter Allgemeinen Zeitung* vom 18. Januar 1982 unter dem Titel «Die innere Kündigung – ein schlimmes Thema» hatte Höhn von einem Seminar berichtet, bei dem es um das unternehmerische Verhalten der Mitarbeiter ging. Dort erklärte ein Seminarteilnehmer, der als Hauptabteilungsleiter in einem größeren Unternehmen beschäftigt war: «Ich habe meinem Chef bereits seit einiger Zeit meine innere Kündigung ausgesprochen. Im Grunde geht mich das alles, über das wir hier diskutieren, nichts mehr an.» Auf die Nachfrage, was dies zu bedeuten habe, erläuterte er: «Ich werde die täglich anfallende Routinearbeit erledigen, mich nicht mehr aufregen über das, was im Unternehmen geschieht, pünktlich erscheinen, vor allem aber pünktlich nach Hause gehen und mich meinem Privatleben, das heißt meiner Familie und meinem Hobby, widmen.»

Auf die weitere Frage nach dem Grund des Verbleibens im Unternehmen fügte er hinzu: «Der Job wird anständig bezahlt, das Unternehmen ist gut situiert, für die nächsten acht bis zehn Jahre bis zu meiner Pensionierung bin ich gesichert. Es besteht daher kein Grund zum Ausscheiden.» Diese Aussage einer Führungskraft wirkte alarmierend, denn bisher hatten sich die Unternehmer nur um die offen ausgesprochenen Kündigungen gekümmert: Die Fluktuationsrate der Mitarbeiter galt als Maßstab für die Güte des Betriebsklimas und für die personalpolitischen Fähigkeiten der Führungskräfte.

Höhn beschrieb die innere Kündigung als den bewussten Verzicht auf Einsatzbereitschaft im Beruf, den er vor allem bei Beamten in staatlichen Verwaltungsorganisationen antraf. Wie inzwischen durch zahlreiche Erhebungen belegt ist, findet man das Phänomen der inneren Kündigung tatsächlich jedoch in allen Wirtschaftszweigen. Innerhalb der betriebswirtschaftlichen Literatur taucht das Schlagwort «innere Kündigung» vor allem in praxisorientierten Beiträgen auf. Die Mehrzahl der Autoren nimmt bei der Definition des Phänomens eindeutig die Unternehmenssicht ein. Das Phänomen tritt jedoch in verschiedenen Ausprägungen auf. Zwischen den Extremen des vollen Engagements und der inneren Kündigung existieren viele Übergangsformen.

Zu unterscheiden ist etwa eine passive und eine aktive Form innerer Kündigung. Bei der *passiven* oder *resignativ-reaktiven Form* steht der bewusste Rückzug im Vordergrund. Er rührt aus der Erfahrung des Mitarbeiters, dass eine Leistungszurückhaltung keine negativen Konsequenzen hat oder sich in seinem Erleben sogar positiv auswirkt, etwa durch die Wiederherstellung des beschädigten Selbstwertgefühls. Von *aktiver* innerer Kündigung hingegen kann die Rede sein, wenn Arbeitnehmer das Gefühl ungerechter Behandlung haben. Durch die innere Kündigung versucht der Mitarbeiter, eine «gerechte» Situation für sich herbeizuführen bzw. die unbefriedigende Arbeitssituation wieder in den Griff zu bekommen und sich auf diesem Weg für die als «ungerecht» erlebte Situation einen Ausgleich zu verschaffen.

Alle praxisorientierten Definitionen von innerer Kündigung haben das Problem, dass sie auf den ersten Blick gut nachvollziehbar, aber inhaltlich wenig konkret sind. Was steckt beispielsweise hinter einer «mentalen Verweigerung», einer «Selbstpensionierung» oder einem «stillen Rückzug» von Mitarbeitern?

Beschrieben werden meist spezifische, jedoch eher oberflächliche Verhaltensmuster, die innerlich gekündigte Mitarbeiter an den Tag legen. So seien innerlich Gekündigte lustlos, mit hohem Anspruchsdenken behaftet, pflichtvergessen, nicht ganz bei der Sache, arbeiteten auf Sparflamme oder machten «Dienst nach Vorschrift». Aus der unklaren Begrifflichkeit ergibt sich die Schwierigkeit festzustellen, wer denn überhaupt als Betroffener anzusehen ist.

Ein wesentliches Merkmal der inneren Kündigung ist ihr lautloser Verlauf. Die Betroffenen wollen nicht auffallen und vermeiden Konflikte, da ihnen im schlimmsten Fall eine Kündigung seitens des Arbeitgebers droht. Das sehr diffuse und vielgestaltige Bild, das innerlich gekündigte Menschen abgeben, sowie der meist unmerkliche, langsame und mehrstufige Prozess des «Emigrierens» machen es schwer, das Phänomen eindeutig zu diagnostizieren. Manche Führungskräfte empfinden das unauffällige Verhalten der innerlich Gekündigten sogar als positiv, etwa dann, wenn der betroffene Mitarbeiter endlich mit seiner ständigen «Nörgelei» aufhört und sich zum Ja-Sager wandelt.

Der Unwille zur Anstrengung

> Wenn wir eine Situation nicht ändern
> können, müssen wir uns selbst ändern.
> *(Viktor Frankl)*

Was ist nun konkret eine innere Kündigung? Weil es sich bei der inneren Kündigung um eine komplexe Problematik handelt, werden recht unterschiedliche Vorstellungen mit dem Begriff verbunden. Nachfolgend stellen wir die gängigen Definitionen zusammen:

Echterhoff, Poweleit und Schindler (1994) bezeichnen die innere Kündigung als «einen persönlichen Zustand, der durch innerliches Abrücken von der Arbeitsumgebung, durch Verweigerung von Eigeninitiative und Einsatzbereitschaft im Unternehmen gekennzeichnet ist».

Innere Kündigung ist für Hilb (1992) «der bewusste oder unbewusste Verzicht auf Engagement am Arbeitsplatz von Seiten der Mitarbeiter».

Löhnert (1990, S. 109 ff.) unterscheidet eine passive und eine aktive Form der inneren Kündigung. Er geht davon aus, dass sich zwischen den beiden Extremausprägungen viele Facetten finden lassen. Bei der passiven oder resignativ-reaktiven Form «vollziehen die Arbeitnehmer die innere Kündigung bewusst», wenn sie die Erfahrung machen, dass «Verhalten nach vollzogener innerer Kündigung für sie, bei oberflächlicher Betrachtung, keine oder gar positive Konsequenzen nach sich zieht». Hilb geht sogar davon aus, dass die passive Form der inneren Kündigung in vielen Fällen mit einer Beförderung belohnt wird. «Vorgesetzte vermuten im unauffälligen Verhalten innerlich Gekündigter positive Züge: ‹Endlich hört er mit dieser ständigen Kritisiererei auf. Er weiß nun, was wir erreichen wollen.›» (Hilb, 1992, S. 7). Und Halblützel (1992, S. 31) provoziert beim Thema «innere Kündigung und öffentliche Verwaltung» sogar mit der These: «In der öffentlichen Verwaltung kann man erst dann systemkonform arbeiten, wenn man die innere Kündigung schon vollzogen hat.» Wenn Arbeitnehmer sich äußerst ungerecht behandelt fühlen und daran nichts ändern können, versuchen sie in der Folge, über eine bewusst vollzogene innere Kündigung die für sie wichtige Situation wieder «gerecht» werden zu lassen. Wird auf diese Weise versucht, die Situation auf eine gewisse Art zu kontrollieren, liegt eine aktive innere Kündigung vor. Dieses Verhalten zielt auf die Schwachstellen des Unternehmens, indem diese systematisch ausgenutzt werden, um sich an der Organisation zu «rächen». In welchem Ausmaß dies geschieht, hängt allerdings von den zu erwartenden Sanktionen ab, da innerlich Gekündigte ihren Arbeitsplatz behalten möchten.

Gross (1992, S. 87 ff.) definiert innere Kündigung «als stille, mentale Verweigerung engagierter Leistung. Mental, weil sie tief im Inneren sitzt, und still, weil sie nicht in einem offenen Akt sichtbar wird, sondern nur verdeckt in Arbeit und Leistung mit halbem Herzen und halber Kraft zum Ausdruck kommt.» Diese Charakterisierung der inneren Kündigung wird auch von Krystek et al. (1995, S. 8 f.) favorisiert.

Als «zeitlich relativ stabiles Verhaltensmuster bzw. eine zeitlich andauernde Verhaltensintension, die mit einer ablehnenden, später auch depressiv-resignativen Grundhaltung gegenüber der Arbeitssituation in Verbindung steht», beschreibt Faller (1993, S. 84) die innere Kündigung.

Massenbach (2000, S. 9) definiert unter der Betrachtung der Konstrukte Commitment und Involvement innere Kündigung als eine Distanzierung von der Arbeitsstelle, «... die bewusst oder unbewusst vollzogen wird und zu einem Verzicht an Engagement führt.»

Eine ganz andere Definition geben Nachbagauer & Riedl (1996). Sie verstehen unter innerer Kündigung ein «Zuschreibungsspiel» und halten die bisherige Beschäftigung mit dem Phänomen für eine verkürzte Sichtweise, die nur auf «ein individuelles, motivationales Defizit abhebt.» Damit erweitern sie die bisherigen Konzepte des individuellen Versagens um den organisationalen Beitrag zur Entstehung der inneren Kündigung. Die Perspektive und die Absichten des Betrachters, der eine innere Kündigung bei anderen «diagnostiziert», spielen dabei eine erhebliche Rolle.

Mehrere dieser Definitionen sind wenig konkret, Ausnahmen bilden die Definitionen von Löhnert (1990), Faller (1993), Krystek et al. (1995) und Massenbach (2000). Erschwert wird der Umgang mit dem Phänomen auch durch verschiedene Bezeichnungen, die dafür gewählt werden. So taucht die «innere Verweigerung», die «innere Abwanderung», die «unausgesprochene Kündigung» oder die «Selbstbeurlaubung» auf.

In einer Zusammenfassung der Literatur zur inneren Kündigung kommt Elsik (1994, S. 993) zu nachfolgender Definition: «Im Gegensatz zur offenen Kündigung wird bei der inneren Kündigung das Arbeitsverhältnis nicht aufgelöst, sondern die Erbringung jener Leistungen von Mitarbeitern aufgekündigt, die über das vorgeschriebene und mittels Sanktionen rechtlich durchsetzbare Mindestmaß hinausgehen.» In der zuletzt genannten Definition kommt ein wesentliches Merkmal der inneren Kündigung zum Tragen: Sie erfolgt nicht wie die äußere Kündigung offen, vielmehr läuft sie stillschweigend ab, sozusagen im Inneren des Betroffenen.

Innere Kündigung entsteht also dadurch, dass Individuen auf Arbeits*un*zufriedenheit in einer spezifischen persönlichen Form reagieren. Mit ihrer Arbeitssituation unzufriedene Mitarbeiter können einerseits die Organisation verlassen, indem sie kündigen. Andererseits haben sie die Möglichkeit, die Stimme zu erheben und ihre Unzufriedenheit zu artikulieren, um Veränderungen herbeizuführen. Führt dieser Versuch zu keiner Veränderung, ist eine äußere Kündigung immer noch möglich. Ist ein Verlassen des Unternehmens jedoch unmöglich und erscheint eine Änderung der unbefriedigenden Situation nach mehrmaligen Versuchen aussichtslos, ist der Rückzug in einen Arbeitsbereich wahrscheinlich, der subjektiv als kontrollierbar empfunden wird. Dieses Rückzugsverhalten stellt eine Art Schutzmechanismus dar, der den Betroffenen vor drohenden *Hilflosigkeits- und Ohnmachtsgefühlen* schützen soll. Hat der an seinem Arbeitsplatz unzufriedene Mitarbeiter die Hoffnung, dass sich an seiner Situation noch etwas ändern wird, wählt er die Loyalität und hält die Arbeitsleistung aufrecht.

Aus der Zusammenschau der existierenden Definitionen zur inneren Kündigung lässt sich folgendes Fazit ziehen: Die ältere Literatur versteht das Phänomen der inneren Kündigung vor allem als *individuellen Zustand*, der beobachtbar ist und sich durch Symptome wie Niedergeschlagenheit, Depression, Stress, Burnout, psychosomatische Krankheiten, Zynismus u. a. mehr auszeichnet. Die neuere Literatur hebt dagegen den *Prozesscharakter* hervor, wobei die innere Kündigung den Endzustand eines Prozesses darstellt, der bewusst oder unbewusst durch den Betroffenen gewählt wird.

Wir konnten in unserer empirischen Untersuchung zeigen, dass der Terminus «innere Kündigung» nach wie vor kein feststehender Begriff ist. Konsens ergibt sich bei den Befragten bezüglich der typischen Merkmale der inneren Kündigung. Aus ihrer Sicht

♦ erfolgt sie im Stillen,

Tab. 1:   Inhaltliche Bestimmung des Begriffs «Innere Kündigung»

Rangfolge der Nennungen zum Item: *«Unter innere Kündigung verstehe ich ...»*		Gesamt-stichprobe N = 651
Rang	Item	
1.	... den stillen und bewussten Entschluss eines Mitarbeiters – der seine Stelle behalten möchte – sich in keiner Weise mehr einzusetzen. Ursache hierfür sind enttäuschte Erwartungen an seine Arbeitssituation, die zu verändern er sich nicht in der Lage sieht.	66,2 %
2.	... den lautlosen Prozess der bewussten Verweigerung von Engagement aufgrund einer ungerecht empfundenen Handlung seitens des Unternehmens, um es so dem Betrieb «heimzuzahlen».	33,3 %
3.	... die gedankliche Vorstufe des Mitarbeiters, dem Unternehmen zu kündigen. Nach dieser zunächst inneren Kündigung wird vom Mitarbeiter wenig später – als logische Konsequenz – die äußere Kündigung vollzogen.	28,3 %
4.	... eine «Dienst-nach-Vorschrift»-Mentalität eines Mitarbeiters, im Sinne einer Anpassung an die betrieblichen Gegebenheiten, die keine negativen Folgen hat, sondern wegen des kritiklosen Verhaltens des Mitarbeiters häufig noch «belohnt» wird.	16,9 %
5.	... ein drastisches Zurücknehmen der Leistungsbereitschaft und des Arbeitseinsatzes, weil sich die ursprünglichen Motive, z. B. beruflicher Erfolg, durch einen altersbedingten Wandel der Werte verändert haben.	15,5 %
6.	... das Anheften des Etiketts «innerlich gekündigt» durch Personen oder Gruppen aus dem Unternehmen, die ein Interesse daran haben, weil gestiegene Anforderungen das bisherige, zufrieden stellende Engagement und die erbrachten Leistungen des Mitarbeiters als unzureichend erscheinen lassen.	5,4 %

Tab. 2: Auswertung der Aussagen zur zeitlichen Dimension der inneren Kündigung

Rangfolge der Nennungen zum Item: «*Meiner Meinung nach handelt es sich bei der inneren Kündigung um einen Zustand …*»		Gesamt-stichprobe N = 651
Rang	Item	
1.	… der ohne fremde Hilfe nicht verändert werden kann.	74,1 %
2.	… der vorübergehend ist.	24,1 %
3.	… der, wenn er eingetreten ist, nicht mehr behebbar ist.	18,1 %

- wird bewusst vollzogen,
- der Mitarbeiter möchte die Stelle behalten,
- die wesentliche Ursache sind enttäuschte Erwartungen an die Arbeitssituation, die nicht verändert werden kann.

Neben der inhaltlichen Beschreibung des Begriffs der inneren Kündigung wurde auch die zeitliche Dimension des Phänomens erfragt. Eindeutig wird die Aussage präferiert, die eine innere Kündigung als einen dauerhaften Prozess versteht, der, wenn er einmal eingetreten ist, nur mit fremder Hilfe überwunden werden kann (74,1 Prozent).

Geben und Nehmen oder:
Der psychologische Arbeitsvertrag

> Die meisten Enttäuschungen haben ihre Ursache in übertriebenen Erwartungen.
> *(Erich Limpach)*

Mit ihrem Rückzugsverhalten versuchen innerlich Gekündigte einen «gerechten» psychologischen Arbeitsvertrag zu erreichen. Das Konzept des psychologischen Vertrages basiert auf der Einsicht, dass die Motivation von Mitarbeitern und damit die Höhe ihrer Leistung durch Anreize und Belohnungen seitens des Unternehmens aufrechterhalten werden muss (Schein 1980). Dieses Geben und Nehmen im Verhältnis zwischen Unternehmen und Mitarbeitern ist ein komplizierter Tausch- und Anpassungsprozess, der aus vielfältigen gegenseitigen Erwartungen besteht. Der psychologische Arbeitsvertrag beinhaltet alle gegenseitigen, jedoch unausgesprochenen Erwartungen, Hoffnungen und Wünsche von Arbeitnehmern und Arbeitgebern. In den Köpfen der beiden Parteien wird der psychologische Arbeitsvertrag zum unausgesprochenen und nicht formulierten «Zusatzvertrag» zum rechtlich bindenden Arbeitsvertrag.

Auf Seiten der *Arbeitnehmer* ergeben sich aus dem psychologischen Vertrag folgende Inhalte:

- persönliche Vorstellungen des Mitarbeiters über die Arbeitsbedingungen, unter denen er sich wohl fühlt und arbeitszufrieden ist;
- Möglichkeit der Einflussnahme auf die Organisation;
- Fürsorge, Förderung und Unterstützung durch den Arbeitgeber;
- Schutz vor Über- und Unterforderung;
- aktiver Gesundheitsschutz durch das Herstellen von Arbeitssicherheit;
- Förderung und Unterstützung, z. B. durch Personalentwicklung und Personalpflege;
- Berechenbarkeit des Arbeitgeberverhaltens.

Speziell die Möglichkeit bzw. Unmöglichkeit von Partizipation, aber auch konkrete Erwartungen an das Verhalten von Führungskräften sowie die Chance, an Entscheidungen mitwirken zu können, die den eigenen Arbeitsbereich betreffen, haben einen entscheidenden Einfluss auf die Entstehung der inneren Kündigung.

Die Tatsache, dass sich eine Person zum Eintritt in ein Unternehmen entschließt, impliziert auch, dass sie bereit ist, sich dem in einem Unternehmen bestehenden Organisationssystem unterzuordnen. Diese Implikation erzeugt entsprechende Vorstellungen beim Arbeitgeber. Der direkte Vorgesetzte als Stellvertreter des Arbeitgebers hat aus dem «Zusatzvertrag» daher folgende Erwartungen an das Verhalten von Mitarbeitern:

- Ein- und Unterordnung des Mitarbeiters unter vorhandene Strukturen,
- unbedingte Loyalität,
- uneingeschränkte Verfügbarkeit der Arbeitskraft.

Jede einseitige Hervorkehrung von Interessen führt zu einem Ungleichgewicht dieses psychologischen Vertrages. Einseitigkeit liegt etwa dann vor, wenn das Unternehmen Mitarbeiter nur unter dem Aspekt des Organisationszwecks betrachtet und ausschließlich die Verpflichtungen aus dem formellen Arbeitsvertrag erfüllt, etwa die Lohn- und Gehaltszahlung. Dies bedeutet eine Vernachlässigung und Geringschätzung der persönlichen Motive der Mitarbeiter und führt zu mangelndem Einsatz und Engagement und einem nur auf die Entlohnung gerichteten Interesse an der Arbeit. Bleibt die Erfüllung der Erwartungen, Wünsche und Hoffnungen des Mitarbeiters aus dem psychologischen Arbeitsvertrag über längere Zeit aus, und werden diese «Nachteile» durch andere «Vorteile» nicht aufgewogen oder durch eigene Aktivitäten ausbalanciert, verschärft sich der innere Konflikt im Mitarbeiter. Kann er keine Änderung herbeiführen, weil er dazu nicht in der Lage ist oder es für opportun hält, nicht zu handeln, kommt es zur Arbeits*un*zufriedenheit und zu dem Gefühl des Bruchs des psychologischen Vertrags durch den Partner. Damit entsteht Unzufriedenheit bei den Betroffenen und in der Folge auch eine nachlassende Loyalität gegenüber dem Unternehmen. So verstanden ist die innere Kündigung ein Versuch, die Arbeitssituation «gerechter» zu gestalten.

Natürlich unterliegt der «psychologische Arbeitsvertrag» inhaltlichen Änderungen über die Zeit. Auch sind die Vorstellungen seitens der Mitarbeiter nicht starr, weshalb Arbeitgeber versuchen, bewusst Einfluss darauf zu nehmen. Dies geschieht zum einen bereits bei der Auswahl von Auszubildenden und Mitarbeitern im Rahmen des Prozesses der beruflichen Sozialisation, sowie über die systematische Einführung und Einarbeitung von neuen Mitarbeitern und Nachwuchskräften. Hier wird versucht, eine möglichst große Schnittmenge individueller und organisationaler Ziele zu erreichen. Dies setzt sich im Rahmen der Personalentwicklung und des Mitarbeiter-Coachings fort. Grundlage für den psychologischen Vertrag ist die sozialpsychologische Austauschtheorie, die annimmt, dass das menschliche Verhalten durch die persönliche Nutzenmaximierung gesteuert wird (Thibaut & Kelley, 1959; Homans, 1961; Blau, 1964). Ob diese Nutzenoptimierung durch das Individuum immer bewusst oder eher unbewusst geschieht, also ohne aktiven Denkvorgang, spielt dabei keine Rolle. Menschen streben danach, Belohnungen zu maximieren und Kosten zu minimieren. Die Beziehung zwischen Arbeitgeber und Arbeitnehmer ist typischerweise eine Austauschbeziehung, in der von beiden Seiten ein Nutzen für einen anderen Nutzen (zurück-)gegeben wird.

Auf soziale Interaktionen zwischen Partnern bezogen, scheint als universelles Prinzip die *Reziprozität* zu gelten: Wie du mir, so ich dir. Bei einer reziproken Interaktion besteht die Bereitschaft eines Interaktionspartners, eine «Vorleistung» zu erbringen, die der andere Partner – entweder recht bald oder mit zeitlicher Verzögerung – mit einer «Rückzahlung» beantwortet. Der die Vorleistung erbringende Partner ist hierzu im Allgemeinen bereit und vertraut auf eine Rückzahlung des anderen Partners bei passender Gelegenheit, auch wenn dazu keine besonderen vertraglichen Verpflichtungen eingegangen wurden; man fühlt sich gewissermaßen dazu verpflichtet.

Verstöße gegen das Reziprozitätsprinzip ziehen in aller Regel Ungerechtigkeitserlebnisse nach sich. Gemäß den Equity- oder Gerechtigkeits-Theorien (siehe S. 26 f.) führt jede derartige Wahrnehmung – beim Benachteiligten wie beim Bevorteilten und auch bei einem unbeteiligten Beobachter – zu einem Unbehagen, das zur Wiederherstellung eines als gerecht erlebten Zustandes motiviert. Folgende Möglichkeiten kommen hierfür in Betracht (nach Mikula 1983):

1. Eine aktive Veränderung des als ungerecht erlebten Zustands; beispielsweise reduzieren Arbeitnehmer, die sich unterbezahlt fühlen, häufig die Quantität und die Qualität ihrer Arbeitsleistung.

2. Eine kognitive Verzerrung des Zustands derart, dass er letztlich doch als gerecht angesehen werden kann; beispielsweise werden Opfer von Ungerechtigkeiten häufig für ihr Schicksal selbst verantwortlich gemacht oder dahingehend abgewertet, dass sie kein besseres Schicksal verdienen.

Der Prozess der Entwicklung der inneren Kündigung, wie er sich aus der Kenntnis der einschlägigen Literatur ergibt, ist nachfolgend in Abbildung 1 skizziert.

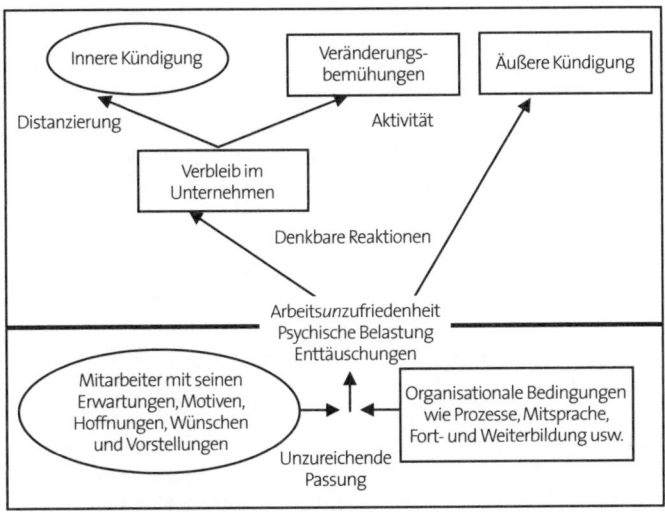

Abb. 1: Entstehung der inneren Kündigung durch Bruch des psychologischen Vertrags

Equity- oder Gerechtigkeits-Theorien

Die Equity- oder Gerechtigkeits-Theorien werden danach eingeteilt, ob sie die Verteilungsgerechtigkeit (distributive Gerechtigkeit) oder die Verfahrensgerechtigkeit zum Thema haben. Theorien der Verteilungsgerechtigkeit thematisieren die Effekte von wahrgenommenen Verteilungen von Belohnungen, die Resultate eines Austausches sind.

Verteilungsgerechtigkeit besteht dann, wenn die Beiträge und Ergebnisse gerecht unter den Teilnehmern verteilt sind, wobei die objektiven Merkmale der Situation weniger von Belang sind als die Art und Weise, wie das Individuum den Wert und die Relevanz der Beiträge und Ergebnisse der verschiedenen Teilnehmer bewertet (vgl. Walster et al., 1978). Individuen können sich im Hinblick auf die Akzeptanz der Regel unterscheiden, die der Wahrnehmung der Verteilung zugrunde liegt. So empfinden manche Personen eine Verteilung von Ergebnissen als fair, wenn alle Individuen – unabhängig von ihren Beiträgen – gleiche oder mindestens ähnliche Ergebnisse erhalten (Gleichheitsregel). Andere Personen vertreten den Standpunkt, die Verteilung solle sich nach der Größe der Bedürfnisse der Teilnehmer richten (Bedürfnisregel).

Die Mehrzahl der Forschungsarbeiten zur Verteilungsgerechtigkeit in Organisationen geht von der Equity-Theorie aus (Adams, 1965). Danach liegt Gerechtigkeit vor, wenn das Verhältnis von Beiträgen und Belohnungen eines Individuums dem Beitrags-/Belohnungsverhältnis der als Bezugspersonen akzeptierten Individuen entspricht.

Theoretische Ansätze, die die Verfahrensgerechtigkeit zum Gegenstand haben, beschäftigen sich mit dem Prozess der Ergebnisfindung. Hier stehen Fragen nach der Akzeptanz, der Fairness und des passenden Vorgehens im Mittelpunkt der Betrachtungen.

Die Vorstellungen zur Verfahrensgerechtigkeit sind bis dato empirisch wenig erforscht, auch existiert keine differenziert ausgearbeitete Theorie, die Aussagen dazu macht, wie Gerechtigkeit in betrieblichen Verfahrens- und Vorgehensweisen zustande kommt. Diese Theorien, die auch als Fairness-Theorien bezeichnet werden, gehen davon aus, dass Mitarbeiter erwarten, dass die Verteilung von Ressourcen im Unternehmen nach klar formulierten und allgemein akzeptierten Regeln vonstatten geht. Dazu sollen die Verfahrensweisen eindeutig und allgemein verbindlich sein, wie beispielsweise Kriterien bei der Akkordarbeit (Stückzahl, Zeiteinheit). Mitarbeiter beurteilen die Fairness von Prozessregeln nach Leventhal (1980) hinsichtlich folgender Kriterien:

♦ Die Vorgehensweise darf ethischen Standards nicht widersprechen;

♦ Zuteilungen müssen über die Zeit und die Personen konsistent angewandt werden;

♦ Entscheidungen müssen das Interesse aller berücksichtigen;

♦ wer die Verfahrensweisen anwendet, darf diese nicht durch sein Eigeninteresse beeinflussen können;

♦ Verfahrensweisen sollten Korrekturmöglichkeiten beinhalten, um Entscheidungen revidieren zu können, etwa durch Einsprüche.

Untersuchungen zeigen, dass die wahrgenommene Verletzung der Verteilungs- und Verfahrensgerechtigkeit unterschiedliche Ergebnisse in Bezug auf das Erleben und Verhalten zeigt. Verteilungsgerechtigkeit steht in engem Zusammenhang mit Entlohnung, während Verfahrensgerechtigkeit mehr mit Vertrauen in die Führungskraft und Commitment korreliert. Verteilungsfairness scheint zudem auch ein zusätzliches, positives Engagement der Mitarbeiter über ihre eigentlichen Rollenforderungen hinaus anzustoßen.

Innere oder äußere Kündigung – eine Frage des Nutzens?

> Nur vom Nutzen wird die Welt regiert.
> *(Friedrich Schiller, Wallensteins Tod)*

Die innere Kündigung, verstanden als Endprodukt eines Prozesses, der durch den bewussten Verzicht auf Einsatz über ein Mindestmaß hinaus und durch eine Distanzierung gegenüber der eigenen Tätigkeit gekennzeichnet sein kann, ist von der äußeren Kündigung abzugrenzen. Beide basieren meist auf subjektiv empfundener Arbeits*un*zufriedenheit und den als nicht günstig wahrgenommenen Bedingungen der Arbeit, die abgelehnt werden. Innerlich Gekündigte bleiben jedoch aus reinem Nutzendenken, aus Angst vor einer Veränderung oder aus der Befürchtung, finanzielle Einbußen zu erleiden, in ihrem Unternehmen. Verunsicherung, die Furcht vor dem Verlust von Bindungen oder vor einem sozialen Abstieg sind, je nach Persönlichkeit der Betroffenen, weitere wichtige Faktoren, die den Entschluss wesentlich beeinflussen, trotz innerer Kündigung den Arbeitsplatz nicht aufzugeben. Auch die Ungewissheit darüber, ob die fachliche Eignung oder das Alter die Suche nach einer neuen Position Erfolg versprechend erscheinen lassen, hindern daran, den letzten Schritt zu tun und formal zu kündigen. Es kündigen zumeist diejenigen, deren Versuche gescheitert sind, ihre Arbeits*un*zufriedenheit durch Veränderungen im Betrieb zu verbessern, und die in einer neuen Aufgabe in einem anderen Unternehmen bessere Chancen sehen, dass ihre Erwartungen an eine Tätigkeit erfüllt werden. Dabei sind die Gründe, die zu einer offenen Kündigung führen, genauso vielfältig wie die Ursachen, die ein Individuum bewegen, in eine Organisation einzutreten. Bei Austrittsentscheidungen spielen daher auch andere Faktoren eine große Rolle, beispielsweise Umzug, Heirat oder berufliche Versetzung.

Die Entscheidung eines Menschen, sich in die innere Kündigung zu begeben, hängt natürlich auch von den bestehenden Alternativen und damit der Arbeitsmarktlage ab. Arbeits*un*zufriedene Mitarbeiter werden daher auch ihre realen Chancen ins Kalkül ziehen, einen neuen, adäquaten Arbeitsplatz zu finden, bevor sie ihren Arbeitsvertrag kündigen. Sind ihre Möglichkeiten begrenzt oder gar nicht vorhanden, wird eine Kündigung als unmöglich oder nicht ratsam empfunden. Arbeitsmarktlage und Konjunkturzyklen haben daher einen entscheidenden Einfluss darauf, ob sich ein unzufriedener Mitarbeiter in einer Art Selbstschutz in eine innere Kündigung zurückzieht, bis sich die konjunkturelle Situation verbessert hat, oder ob er gleich seinem Arbeitgeber die formale Kündigung ausspricht. Zieht die Konjunktur an, so kommt es in den betreffenden Unternehmen meist zu einer stärkeren Fluktuation – vorausgesetzt, es sind weitere, für einen Arbeitsplatzwechsel wichtige Faktoren gegeben: etwa mittleres Alter, Mobilität, notwendige Qualifikation und geeignete Persönlichkeitseigenschaften. Dies bedeutet in der Konsequenz, dass Unternehmen auch in konjunkturell schlechten

Phasen an einer hohen Arbeitszufriedenheit ihrer Belegschaft interessiert sein müssen; denn ist eine rezessive Phase erst einmal überwunden, werden unzufriedene Leistungsträger den Betrieb verlassen.

Innere Kündigung seitens der Führungskraft

Eine formgerechte Kündigung des Arbeitsverhältnisses steht beiden Parteien, dem Arbeitgeber wie dem Arbeitnehmer, zu, wenngleich in Deutschland die Kündigung durch den Arbeitgeber strengeren Kriterien durch tarifvertragliche Regelungen sowie das Kündigungsschutzgesetz unterliegt. Aber nicht nur die Initiative zur offenen Kündigung kann von beiden Seiten ausgehen, sondern auch die für eine innere Kündigung. Auch Arbeitgeber oder Vorgesetzte, die ihre Erwartungen aus dem «psychologischen Arbeitsvertrag» trotz Anmahnung beim Mitarbeiter nicht als erfüllt ansehen oder ständigen Streitereien mit dem unliebsamen und unbequemen Mitarbeiter aus dem Weg gehen möchten, können ihm innerlich kündigen. Dieser Prozess der inneren Kündigung ist identisch mit dem des Mitarbeiters, erfolgt jedoch unter anderen Vorzeichen.

Meistens geschieht eine innere Kündigung durch den Chef, wenn

- keine rechtliche Handhabe für eine Auflösung des Arbeitsvertrages gegeben ist, der Mitarbeiter nicht «weggelobt» werden kann und
- auch für das Angebot einer Abfindung nicht empfänglich ist;
- Führungskräfte nicht die Kompetenz haben, dem Mitarbeiter zu kündigen oder ihn zu versetzen;
- der Mitarbeiter und die für ihn zuständige Führungskraft unterschiedliche Wertvorstellungen und Einstellungen haben, was immer wieder zu Reibereien führt;

- neue Mitarbeiter ohne Einfluss des Vorgesetzten durch die Personalabteilung oder andere Führungskräfte ausgewählt werden und nun der Verantwortliche mit seinen neuen Mitarbeitern «klarkommen» muss;
- die Führungskraft ihre Position durch den Mitarbeiter bedroht sieht.

Mobbing oder Bossing, also die Schikane durch den Vorgesetzten, stellen die unfeinen Methoden und eigentlich hilflosen Reaktionen der Arbeitgeberseite bzw. einzelner Führungskräfte dar, den «Sozialfall» loszuwerden. Das Verhalten von Führungskräften gegenüber Mitarbeitern, denen sie innerlich gekündigt haben, weil sie diese für unfähig oder störend halten, ist üblicherweise von starker Distanz geprägt.

Typisch sind Verhaltensweisen von Vorgesetzten, die wie folgt zu charakterisieren sind:

- Führungskräfte «vergessen» scheinbar, betroffene Mitarbeiter von Terminen, Besprechungen und anderen bedeutsamen Sachverhalten zu unterrichten. Dadurch entwickeln Mitarbeiter das Gefühl, ausgegrenzt, nicht informiert zu sein und nicht mehr dazuzugehören.
- In der bislang von gegenseitigem persönlichem Interesse gekennzeichneten Beziehung zwischen Mitarbeiter und Vorgesetztem entwickelt die Führungskraft ein ausgeprägtes Desinteresse. Hatte der Vorgesetzte bisher ein Ohr für persönliche Dinge wie Familie, Hobbys und Wohlergehen des Arbeitnehmers, entwickelt sich nun eine unpersönliche Atmosphäre. Der Mitarbeiter tritt als Mensch völlig in den Hintergrund. Gespräche und Kontakte werden auf das Notwendigste reduziert und gestalten sich äußerst sachlich und formell.
- Ein Feedback zu den Arbeitsleistungen des Mitarbeiters wird vermieden, wenn diese überhaupt registriert werden. Anerkennung, die bisher vielleicht üblich war, wird durch den Vorgesetzten nicht mehr ausgesprochen. Auch wird

keine Kritik mehr geäußert, vielmehr wird die ausgegrenzte Person wie Luft behandelt.

Trifft die innere Kündigung des Chefs eine Führungskraft selbst, kann es sein, dass sie sozusagen von Stund an nur noch für die Bestellung von Büromaterial zuständig ist. Denn Betroffene werden systematisch fachlich kaltgestellt, ihr Rat zählt nicht mehr und auf ihre Unterstützung wird nicht mehr gebaut.

Nun ist eine innere Kündigung durch den Vorgesetzten dem Wesen und der Ursache nach etwas anderes als die innere Kündigung seitens eines Mitarbeiters (Faller, 1993, S. 95). Denn die Distanzierung seitens des Vorgesetzten ist nicht Folge fehlender anderer Reaktionsmöglichkeiten oder eines Kontrollverlustes über die Situation, wie es typischerweise beim Mitarbeiter der Fall ist. Vielmehr ist sie ein schwerer Führungsfehler bzw. ein Ausdruck der Unfähigkeit von Führungskräften, im Arbeitsprozess gestaltend Einfluss zu nehmen, da es ihnen an Führungskompetenz mangelt.

Gibst du mir – gebe ich dir!

> Ein Mann, der nicht mehr leistet
> als das, wofür er bezahlt wird,
> leistet so wenig, dass er das nicht
> wert ist, was er bekommt.
> *(Abraham Lincoln)*

Nach Auffassung der modernen Betriebswirtschaftslehre müssen auf der Grundlage einer einheitlichen Planung unterschiedliche Aktivitäten zur Erreichung der Unternehmensziele durchgeführt werden. Dazu ist ein Austauschprozess von Leistung und Gegenleistung zwischen Arbeitgeber und Arbeitnehmer notwendig. Die *Anreiz-Beitrags-Theorie*, die auf Barnard (1938) zurückgeht, stellt die Entscheidung des Individuums zur produktiven Beitragsleistung in den Mittelpunkt der Betrachtungen (March & Simon, 1976). Die Theorie geht davon aus, dass ein Individuum die durch die Organisation erhaltenen Anreize seinen eigenen Beiträgen zur organisationalen Aufgabenerfüllung gegenüberstellt und aufgrund des Nutzenvergleichs sein Verhalten festlegt. Bewertet der Mitarbeiter die Leistungsanreize seitens des Unternehmens als größer oder gleich seiner eigenen Leistungsbeiträge, ist die Differenz für ihn positiv oder ausgeglichen, und er wird sein Engagement beibehalten. Ist diese Differenz jedoch negativ, so wird er darüber nachdenken, ob er das Arbeitsverhältnis in der bestehenden Form aufrechterhalten oder es verändern soll.

Bei negativer Nutzenbilanz ergeben sich mehrere Handlungsalternativen. So kann der enttäuschte Mitarbeiter eine Erhöhung seiner Entlohnung fordern, ein «Gleichgewicht» aus seiner Sicht herstellen, indem er krankfeiert oder sich auf seine «ureigensten Aufgaben» konzentriert, Mehrarbeit ablehnt und eine «Dienst-nach-Vorschrift»-Mentalität an den Tag legt.

Die folgende Abbildung macht die wechselseitige Verbundenheit von Organisation und Mitarbeiter und das notwendige Gleichgewicht von Anforderungen und Beiträgen nochmals graphisch deutlich:

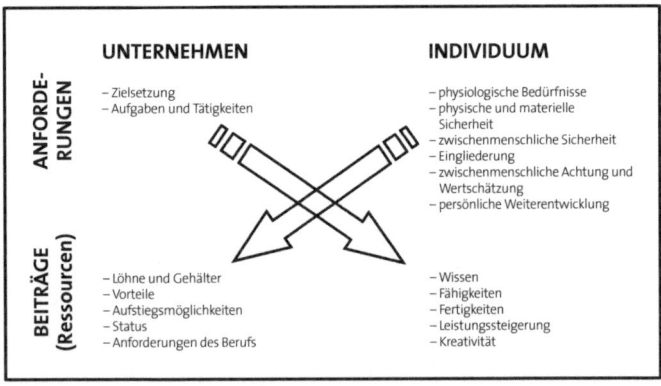

Abb. 2: Austauschprozess zwischen Individuum und Organisation

Wie verbreitet ist das Phänomen der inneren Kündigung?

Präsenz ist mehr als bloße Anwesenheit.

(Malcolm Stevenson Forbes)

Datenmaterial zur Verbreitung der inneren Kündigung ist, erst recht im internationalen Ländervergleich, noch sehr dürftig. Nach dem in St. Gallen lehrenden Schweizer Ökonomen Hilb (1992) gibt es in der Praxis unterschiedliche Verbreitungsgrade des Phänomens. Diese Unterschiede im Ausmaß der Verbreitung seien landes- und branchenspezifisch, aber auch abhängig von der Unternehmenskultur und der Personalkategorie. Rüber (1990) referiert in seiner Studie an Schweizer Großbetrieben folgende Rangfolge im Ausbreitungsgrad:

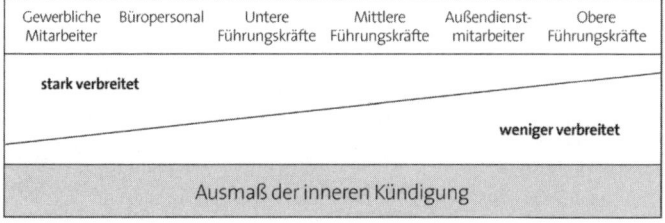

Abb. 3: Ausmaß der Verbreitung der inneren Kündigung nach Personalkategorien (in Anlehnung an Rüber, 1990)

1992 kam Hilb in einer Schätzung des Ausmaßes der inneren Kündigung in Deutschland auf folgende Prozentzahlen:

- 40 Prozent der arbeitenden Bevölkerung der alten Bundesländer und
- weit über 50 Prozent in den neuen Bundesländern.
- Zum Vergleich: Für Schweizer Großbetriebe nimmt Hilb eine Quote von 20 Prozent an (1992, S. 4).

Krystek und Mitarbeiter (1995) berichten über eine schriftliche Befragung von Personalverantwortlichen in deutschen
Unternehmen. Die Autoren hatten u. a. das Ziel, Aussagen
über das Ausmaß der Verbreitung der inneren Kündigung auf
einer fundierten empirischen Datenbasis zu treffen. Dabei
gingen sie davon aus, dass Zahlen von bis zu 50 Prozent innerlich Gekündigter unrealistisch seien, da sich ein solches
Ausmaß unweigerlich volkswirtschaftlich niederschlagen
müsse, was faktisch nicht der Fall sei (vgl. Krystek et al.,
1995, S. 24). Aber auch das andere Extrem, das Herunterspielen des Phänomens als Problem einer Minderheit, werde
der Erscheinung keineswegs gerecht. Die Autoren ließen Personalverantwortliche von 147 Unternehmen die Verbreitung
der inneren Kündigung (a) im eigenen Unternehmen und (b)
bundesweit einschätzen. Sie erhielten 92 gültige Fragebogen
zurück, die die empirische Grundlage ihrer Studie bilden. Das
Resultat ihrer Befragung ist nachfolgend dargestellt.

Tab. 3: **Einschätzung der inneren Kündigung im eigenen Unternehmen und in Deutschland durch Personalverantwortliche
(nach Krystek et al., 1995, S. 24)**

Die innere Kündi-gung im eigenen Unternehmen be-trägt inzwischen:	Diese Aussage treffen:	Die innere Kündi-gung in Deutsch-land beträgt inzwi-schen:	Diese Aussage treffen:
0–10 %	47 %	0–10 %	16 %
11–20 %	34 %	11–20 %	43 %
21–30 %	10 %	21–30 %	23 %
31–40 %	6 %	31–40 %	13 %
über 40 %	3 %	über 40 %	5 %
Durchschnitt	17 %	Durchschnitt	24 %

Nach dieser Studie schätzen die befragten Personalverantwortlichen bundesweit im Durchschnitt rund ein Viertel
(24 Prozent) der Mitarbeiter als innerlich gekündigt ein. Da-

bei veranschlagen sie interessanterweise die Quote im eigenen Unternehmen mit durchschnittlich 17 Prozent deutlich niedriger.

Es lässt sich allerdings einwenden, dass Personalverantwortliche über das Phänomen voreingenommen urteilen. Mithin sollten direkte Befragungen der «betroffenen» Mitarbeiter weitere Aufschlüsse geben.

In unserer eigenen Untersuchung zur Verbreitung der inneren Kündigung bei 651 Mitarbeitern von Banken in den alten Bundesländern (Bank ABL) und neuen Bundesländern (Bank NBL) sowie von Behörden der alten Bundesländer (Behörde ABL) im Jahr 1999 fanden wir durchschnittlich höhere Angaben der Befragten, wie Tabelle 4 zeigt:

Tab. 4: Einschätzung der inneren Kündigung im eigenen und in vergleichbaren Unternehmen in Deutschland durch Mitarbeiter

Einschätzung der inneren Kündigung im eigenen Unternehmen	Diese Aussage treffen:	Einschätzung der inneren Kündigung in vergleichbaren Unternehmen in Deutschland	Diese Aussage treffen:
Gesamt	32 %	Gesamt	35 %
Banken ABL	31,6 %	Banken ABL	34,5 %
Banken NBL	25,3 %	Banken NBL	36,8 %
Behörden ABL	41,2 %	Behörden ABL	31,8 %

Nach unseren Ergebnissen wird von den befragten Mitarbeitern der Prozentsatz der innerlich Gekündigten auf ein gutes Drittel der Belegschaft beziffert. Ähnlich wie bei Krystek et al. (1995) schätzen unsere Befragten mit durchschnittlich 32 Prozent das Ausmaß der inneren Kündigung im eigenen Unternehmen etwas geringer ein als in vergleichbaren Unternehmen, in denen ein durchschnittlicher Prozentsatz von 35 Prozent angenommen wird. Freilich gilt dies nur für die

Banken; bei den Behörden der alten Bundesländer wird mit 41,2 Prozent ein deutlich höherer Anteil innerlich Gekündigter in der eigenen Behörde angenommen als in anderen Amtsstuben (31,8 Prozent).

Einen instruktiven Überblick zum Thema «Mitarbeiterzufriedenheit und Engagement am Arbeitsplatz» liefern die Umfragen des Gallup-Instituts Potsdam bei jeweils rund 2000 befragten deutschen Arbeitnehmern in den Jahren 2001 bis 2003. Das Gallup-Institut setzt hierfür das so genannte Q-12-Verfahren ein, eine sorgfältig konstruierte Skala von zwölf Fragen (zur Entwicklung des Verfahrens vgl. Buckingham & Coffman, 2002). Die spektakulären Befragungsergebnisse veranlassten das Gallup-Institut im Oktober 2003 zu der folgenden Pressemitteilung: «Das Engagement am Arbeitsplatz in Deutschland sinkt weiter: Nur noch zwölf Prozent der Mitarbeiter hierzulande sind engagiert im Job – der gesamtwirtschaftliche Schaden liegt in Milliardenhöhe.»

Im Einzelnen ist in dem Ergebnisbericht zu lesen: 18 Prozent der Arbeitnehmerinnen und Arbeitnehmer in Deutschland haben keine emotionale Bindung an ihren Job. Weitere 70 Prozent machen lediglich Dienst nach Vorschrift und gehören somit der Kategorie der Mitarbeiter mit einer geringen emotionalen Bindung an. Demnach verspüren insgesamt neun von zehn Arbeitnehmern (88 Prozent) hierzulande keine echte Verpflichtung ihrer Arbeit gegenüber. Die Gruppe der Mitarbeiter mit einer geringen bzw. keiner emotionalen Bindung wird – verglichen mit den vorangegangenen Erhebungen zum Arbeitsplatz-Engagement in Deutschland – zunehmend größer; sie ist im Jahr 2003 um vier Prozent gegenüber der ersten Untersuchung im Jahr 2001 angewachsen. Nur zwölf Prozent der Arbeitnehmer weisen derzeit eine hohe emotionale Bindung an ihren Job auf (im Jahr 2001 waren es noch 16 Prozent). In den Vereinigten Staaten von Amerika, die das Gallup-Länderranking im Hinblick auf das Arbeitsplatzengagement anführen, sind im Vergleich zu Deutschland 30 Prozent der Mitarbeiter ihrem Arbeitgeber gegenüber verpflichtet – das sind 18 Prozent mehr als hierzulande, was einen erheblichen Wettbewerbsvorteil für die amerikanische Wirtschaft bedeutet.

Tab. 5: Von je 100 Arbeitnehmern in Deutschland hatten/haben:

Gesamt	2001	2002	2003
Hohe emotionale Bindung	16	15	12
Geringe emotionale Bindung	69	69	70
Keine emotionale Bindung	15	16	18

Fasst man jeweils die Prozentsätze der zweiten und dritten Zeile zusammen, so beläuft sich die Zahl der Mitarbeiter mit geringer oder keiner emotionalen Bindung an ihre Arbeit im Jahr 2001 auf 84, in 2002 auf 85 und in 2003 auf 88 Prozent der Belegschaft eines Unternehmens.

Die häufigste Ursache für das fehlende Engagement am Arbeitsplatz scheint schlechtes Management zu sein. Die Befragten gaben unter anderem an, dass sie eine Position ausfüllen, die ihnen nicht liegt, dass es seitens ihres oder ihrer Vorgesetzten an Anerkennung und Lob für gute Arbeit mangelt, die Führungskraft sich nicht für sie als Mensch interessiert, es niemanden im Unternehmen gibt, der die persönliche Entwicklung fördert, sowie die persönliche Meinung und das persönliche Urteil kaum ins Gewicht fallen.

Tendenziell sind die Arbeitnehmer im Süden Deutschlands engagierter als im Rest des Landes. Während sich der Anteil der als loyal und produktiv einzustufenden Mitarbeiter, die ihre Arbeit als befriedigend empfinden, im Süden (Baden-Württemberg und Bayern) auf 14 Prozent beläuft, beträgt er im Westen (Nordrhein-Westfalen, Hessen, Rheinland-Pfalz und Saarland) und Norden (Schleswig-Holstein, Hamburg, Bremen und Niedersachsen) jeweils zwölf und im Osten (Mecklenburg-Vorpommern, Berlin, Brandenburg, Sachsen-Anhalt, Sachsen und Thüringen) ganze zehn Prozent.

Innerhalb der Hierarchie der Unternehmen nimmt das

Tab. 6: Emotionale Bindung an die Arbeit, bezogen auf je 100
Arbeitnehmer in Deutschland

Gesamt	Nord	West	Süd	Ost
Hohe emotionale Bindung	12	12	14	10
Geringe emotionale Bindung	71	73	67	70
Keine emotionale Bindung	17	15	19	20
Summe der Zeilen 2 und 3: Keine echte Verpflichtung der Arbeit gegenüber	88	88	86	90

Ausmaß innerer Kündigungen in absteigender Linie von der Ebene des Topmanagements bis zu den Hilfskräften der Verwaltung beziehungsweise von der Meisterebene bis zur Ebene der ungelernten Arbeiter kontinuierlich zu. Die Forschung bringt dieses Ergebnis mit dem größeren Aufgabenfeld beziehungsweise dem größeren Verantwortungsbereich in Verbindung. Die Ergebnisse werden in Tabelle 7 wiedergegeben.

Tab. 7: Innere Kündigung innerhalb einzelner Unternehmens-
bereiche (nach Krystek et al. 1995, S. 25)

Unternehmensbereich Management/ Verwaltung	Anteil innerlich Gekündigter	Unternehmensbereich Produktion	Anteil innerlich Gekündigter
Topmanagement	4 %	Meister	10 %
Mittleres Management	11 %	Facharbeiter	13 %
Unteres Management	14 %	Angelernte Arbeiter	20 %
Hilfskräfte der Verwaltung	17 %	Ungelernte Arbeiter	23 %

Tab. 8: Schätzung der Prozentzahlen innerlich Gekündigter auf verschiedenen betrieblichen Ebenen

Item: «Teilen Sie bitte den von Ihnen geschätzten Prozentsatz innerlich Gekündigter auf die unterschiedlichen Ebenen bzw. Bereiche Ihres Unternehmens auf»		
Rang	**Ebene**	**Gesamt-stichprobe N = 651**
1.	Arbeitsgruppe	27,8 %
2.	Abteilung	26,2 %
3.	Bereich	22,7 %
4.	Geschäftsleitung	17,3 %

Für den Zusammenhang von Unternehmensgröße und dem Auftreten innerer Kündigung finden sich in der Literatur nur wenige Hinweise. Zwar erwähnen Autoren häufig eine Koinzidenz zwischen der Größe eines Betriebs und der Zunahme des Phänomens der inneren Kündigung, jedoch sind diese Zusammenhänge sehr fragwürdig, wie Krystek et al. (1995) ansatzweise zeigen konnten. Ihre Untersuchung ergab keine Verbindung zwischen der Einschätzung der Verbreitung des Phänomens und der Größe einer Organisation.

Die Resultate unserer Studie zur Verbreitung des Phänomens der inneren Kündigung auf den verschiedenen Unternehmensebenen zeigen, dass das Ausmaß der inneren Kündigung auf der Ebene der Geschäftsleitung deutlich niedriger eingeschätzt wird (17,3 Prozent) und aus Sicht der Befragten kontinuierlich bis zu den unteren Hierarchieebenen (27,8 Prozent) zunimmt, was im Einklang mit der Fachliteratur steht.

Symptome und Indikatoren innerer Kündigung

Die voranstehend wiedergegebenen Definitionen innerer
Kündigung enthielten bereits einzelne Symptome, die bei Betroffenen auftreten können und an denen sich innerlich Gekündigte dementsprechend erkennen lassen. Je nach Studie
und Autor treten unterschiedliche Merkmale für das Vorliegen des Phänomens in den Vordergrund. Sie betreffen Anzeichen auf den Ebenen der *Emotion*, der *Einstellung*, der *Kog-
nitionen* und des *konkreten Verhaltens*. Diese werden dann
einem bestimmten Zustand im fortschreitenden Prozess der
inneren Kündigung zugeordnet. Obwohl nicht alle theoretischen Vorstellungen schlüssig sind, helfen sie zunächst, das
komplexe Geschehen der Entstehung einer inneren Kündigung zu strukturieren. Dabei ist die Frage der Verursachung
und möglicher Abhilfe noch nicht angesprochen. Neben be-
schreibbaren Symptomen auf individueller Ebene sind in erster Linie Indikatoren wichtig, die etwas über die Verbreitung
innerer Kündigung in einer Organisation aussagen.

Gibt es das Kainsmal der inneren Kündigung?

Das sehr diffuse und vielgestaltige Bild, das innerlich gekündigte Menschen abgeben, sowie der meist unmerkliche, langsame und komplexe Prozess des Rückzugs, der mehrstufig
abläuft, machen es schwer, die innere Kündigung eindeutig zu
diagnostizieren. Handelt es sich eher um eine passive oder
aktive Form? Wie lässt sich das eine vom anderen unterscheiden? In der einschlägigen Literatur finden sich etliche Krite-
rienvorschläge für die Diagnose innerer Kündigung. Inhaltlich sind diese weitgehend deckungsgleich. Echterhoff et al.
(1994, S. 50) beschreiben den individuellen Rückzug mit fol-
gendem Verhaltens- und Erlebensmuster:

«Ein Mitarbeiter hat innerlich gekündigt, wenn er
- kein Interesse mehr an Auseinandersetzungen hat,
- zum typischen Ja-Sager geworden ist,
- sich stets bei der Mehrheit befindet,
- keine Vorschläge und Kritik mehr einbringt,
- zum angepassten Konformisten geworden ist,
- Entscheidungen von Vorgesetzten kommentarlos akzeptiert,
- seine Kompetenzen nicht mehr völlig ausschöpft und
- Eingriffe in seinen Delegationsbereich hinnimmt.»

Diese Liste lässt sich etwa durch folgende Gesichtspunkte ergänzen:

«Von innerer Kündigung eines Mitarbeiters muss ausgegangen werden, wenn er:
- kein Karriereinteresse mehr hat,
- sich beim Auftreten zurückhält,
- sehr angenehm, ja fast überangenehm im Umgang ist,
- zunehmend wegen Familie und Krankheit fehlt.» (Krystek et al., 1995, S. 45)

Die Symptome von innerlich gekündigten Vorgesetzten beziehen sich vor allem auf ihre Führungsrolle, die sie innerlich unengagiert wahrnehmen, indem sie einen Laisser-faire-Stil praktizieren.

Mit einer Rücknahme von Initiative und Engagement ist sehr häufig eine äußerlich nicht erkennbare, zunehmende emotionale Abkehr von der Arbeit verbunden, die mit der Zeit zu psychischen Problemen bis hin zu Depressionen führen kann. Ob es dazu kommt, hängt aber nicht nur von der Arbeitssituation und der mit ihr in Verbindung stehenden Zufriedenheit des Betroffenen ab, sondern auch von Persönlichkeitseigenschaften, ökonomischen und sozialen Lebensbedingungen u. a. mehr.

Gleichwohl zeigt sich, dass der Versuch, Symptome der inneren Kündigung exakt zu beschreiben, durch die Komplexi-

Tab. 9: Indikatoren innerer Kündigung aus unserer Befragtenstudie

Rangfolge der Nennungen		
Rang	Item	Gesamt-stichprobe N = 651
1.	Zunehmende Unmutsäußerungen	80,5 %
2.	Abnehmende Bereitschaft, auch gegen die Mehrheit mit der eigenen Meinung Stellung zu nehmen	75,7 %
3.	Nachlassende Bereitschaft, sich mit Vorgesetzten, Kollegen und Mitarbeitern auseinander zu setzen	72,5 %
4.	Abnehmende Kommunikation mit Vorgesetzten, Kollegen und Mitarbeitern	69,2 %
5.	Zunehmendes «Ja-Sagen»	67,8 %
6.	Zurückgehen von Vorschlägen und Kritik	63,9 %
7.	Wertewandel, der z. B. Tugenden wie «Pflichterfüllung» verstärkt durch solche wie «Spaß an der Arbeit» verdrängt.	60,5 %
8.	Mangelndes Interesse an Betriebsfeiern	56,4 %
9.	Hinnahme von Eingriffen in den eigenen Verantwortungsbereich	53,8 %

tät des Phänomens, die unterschiedlichen Erscheinungsformen, den Entstehungsprozess und die fließenden Übergänge zwischen den Entwicklungsphasen erschwert wird.

Unsere Befragung ergab bei den Merkmalen einer inneren Kündigung auf der Personenebene neun bedeutsame Kriterien für deren Vorliegen. Die Darstellung erfolgt in der Rangfolge der Einstufung:

1. Zunehmende Unmutsäußerungen;
2. Abnahme der Bereitschaft, auch gegen die Mehrheit mit der eigenen Meinung Stellung zu nehmen;

3. nachlassende Bereitschaft, sich mit Vorgesetzten, Kollegen und Mitarbeitern auseinander zu setzen;
4. abnehmende Kommunikation mit Vorgesetzten, Kollegen und Mitarbeitern;
5. Zunehmendes «Ja-Sagen»;
6. Rückgang von Vorschlägen und Kritik;
7. Wertewandel, der etwa Tugenden wie «Pflichterfüllung» zunehmend durch solche wie «Spaß an der Arbeit» verdrängt;
8. mangelndes Interesse an Betriebsfeiern;
9. Hinnahme von Eingriffen in den eigenen Verantwortungsbereich.

Darüber hinaus zeigte unsere Untersuchung, dass die Wahrnehmung von Indikatoren und deren Gewichtung sehr stark vom Beobachter abhängt, insbesondere von dessen Beurteilungsmaßstäben. Die subjektive Einschätzung eines Beobachters entscheidet sehr stark darüber, ob ein anderer Mensch als innerlich gekündigt angesehen wird oder nicht.

Woran lässt sich im Unternehmen das Vorliegen innerer Kündigung ablesen?

Aus der «Heimlichkeit» innerer Kündigung folgt, dass ausschließlich indirekte Indikatoren in Frage kommen. Von Bedeutung sind vor allem betriebswirtschaftliche Indikatoren, beispielsweise häufigere Fehlzeiten von ein bis zwei Tagen. Obwohl ein Zusammenhang zwischen der Arbeitszufriedenheit von Mitarbeitern und der Fluktuationsrate besteht, hat diese Kennzahl lediglich begrenzte Aussagekraft für das Ausmaß innerer Kündigung. Kennzahlen der Fluktuation können möglicherweise über ein schlechtes Betriebsklima informieren, jedoch geben sie über die Ursachen hierfür keine Auskunft.

Eine faktorenanalytische Auswertung der Antworten aller

651 Teilnehmer unserer Untersuchung ergab sechs Faktoren mit Eigenwerten größer 1, die zusammen 55 Prozent der Varianz aufklären. Aufgrund der Auswertung ergeben sich folgende Indikatoren für eine innere Kündigung auf Unternehmensebene:

◆ Passivität von Mitarbeitern,
◆ mangelnde Qualität der Arbeit,
◆ Interesselosigkeit von Mitarbeitern,
◆ negative Kommunikationstendenzen bei Mitarbeitern,
◆ schlechtes Betriebsklima,
◆ individueller Wertewandel bei Mitarbeitern.

Die Rangreihe der Indikatoren spiegelt die in der Literatur zur inneren Kündigung thematisierten Verhaltensweisen wider, geordnet nach ihrer Bedeutung. Speziell die Passivität wird als Resultat von mangelnden Einflussmöglichkeiten der Arbeitnehmer verstanden, während die anderen Indikatoren die Folge von Resignation, Distanzierung und Motivationsänderungen Betroffener sind.

Passivität beinhaltet zum einen die Abnahme der Bereitschaft, auch gegen die Mehrheit mit der eigenen Meinung Stellung zu nehmen sowie ein zunehmendes «Ja-Sagen»; zum anderen die nachlassende Bereitschaft, sich mit Vorgesetzten, Kollegen und Mitarbeitern auseinander zu setzen, sowie eine starke Zurückhaltung mit Vorschlägen und Kritik.

Die *mangelnde Qualität der Arbeit* steht für eine sinkende Produktivität und Qualität der Arbeitsergebnisse, aber auch für längere Bearbeitungszeiten und zunehmende Beschwerden durch Kunden.

Der Indikator *Interesselosigkeit von Mitarbeitern* subsumiert sowohl die mangelnde Teilnahme an Betriebsversammlungen und das unzureichende Interesse an Betriebsfesten als auch hohe Fehlzeiten, eine nachlassende Fort- und Weiterbildungsbereitschaft sowie eine stärkere Freizeitorientierung.

In den *negativen Kommunikationstendenzen der Mitarbei-*

ter, die den vierten Indikator bilden, finden sich die abnehmende Kommunikation mit Vorgesetzen, Kollegen und Mitarbeitern, zunehmende Unmutsäußerungen und häufigere Beschwerden beim Betriebs- bzw. Personalrat.

Der zunehmende Wechsel von Mitarbeitern und die mangelnde Ausschöpfung von Kompetenzen durch Arbeitnehmer kennzeichnen den Faktor *schlechtes Betriebsklima*.

Der individuelle Wertewandel bei Mitarbeitern, also die Verdrängung von Tugenden wie «Pflichterfüllung» zu Gunsten von Werten wie «Spaß an der Arbeit» charakterisieren den letzen Indikator für das Vorliegen einer inneren Kündigung.

Faktorenanalyse

Zusammenhänge und Wirkungsfaktoren alleine mit dem «gesunden Menschenverstand» zu erkennen und zu verstehen ist ein sehr schwieriges Unterfangen, weshalb man sich in der sozialwissenschaftlichen und psychologischen Forschung statistischer Methoden bedient.

Verfahren wie die Faktorenanalyse erlauben es, gezielt Zusammenhänge aufzuspüren und objektiv darzustellen. Sie ist eine Methode zur Datenstrukturierung und -reduzierung.

Aus der reinen Darstellung von Häufigkeiten, etwa bei Fragebogendaten, lassen sich aus den Einzelwerten nicht die dahinterliegenden Dimensionen der Einzelaussagen erkennen. Ziel des Verfahrens ist die Herleitung zunächst hypothetischer Größen, sog. Faktoren, welche die vorgegebenen Daten hinsichtlich ihrer Variation in reduzierter Form abbilden können.

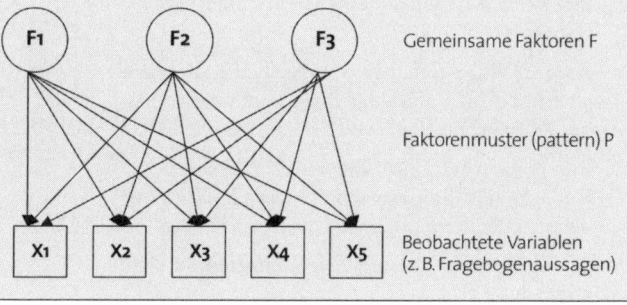

F_1 F_2 F_3 Gemeinsame Faktoren F

Faktorenmuster (pattern) P

X_1 X_2 X_3 X_4 X_5 Beobachtete Variablen (z. B. Fragebogenaussagen)

Checkliste 1: Neigung zur inneren Kündigung

Um die Wahrnehmung für eine mögliche eigene innere Kündigung zu schärfen, haben wir dem interessierten Leser einen kleinen Fragebogen zusammengestellt.

Ihre berufliche Situation	Stimmt	Stimmt nicht
1. Sie fehlen heute auch bei kleineren Unpässlichkeiten häufiger als früher.	☐	☐
2. Sie sind nicht mehr bereit, Zeit für betriebliche Fort- und Weiterbildungsmaßnahmen einzusetzen.	☐	☐
3. Sie sind heute beruflich nicht mehr so engagiert wie früher.	☐	☐
4. Für Arbeiten, die Ihnen früher rasch von der Hand gingen, nehmen Sie sich mittlerweile mehr Zeit.	☐	☐
5. Vorschläge und Kritik haben Sie schon lange nicht mehr geäußert.	☐	☐
6. Ihr Interesse an Betriebsfeiern ist nicht mehr so stark wie früher.	☐	☐
7. Betriebsversammlungen interessieren Sie nur noch wenig.	☐	☐
8. Sie beschweren sich heute öfters beim Betriebs- bzw. Personalrat, als dies früher der Fall war.	☐	☐
9. Mit Ihrem Vorgesetzten und den Kollegen kommunizieren Sie nur das Notwendigste.	☐	☐
10. Ihre Freizeit ist Ihnen heute viel wichtiger als früher.	☐	☐
11. Um Ihre Ruhe zu haben, sind Sie heute eher bereit als früher, auf Vorschläge Ihres Vorgesetzten bzw. der Kollegen einzugehen.	☐	☐
12. Ihre Bereitschaft, auch gegen die Mehrheit der Kollegen mit Ihrer eigenen Meinung Stellung zu nehmen, ist gering.	☐	☐
13. Sie schöpfen Ihre beruflichen Kompetenzen nicht völlig aus.	☐	☐

	Stimmt	Stimmt nicht
14. Wenn andere in Ihren Verantwortungsbereich eingreifen, nehmen Sie das hin.	☐	☐
15. Sie sind nicht bereit, sich besonders anzustrengen, um das Unternehmen zu unterstützen.	☐	☐
16. Sie wissen, dass Ihre Arbeit kaum einen Beitrag zum Erfolg des Betriebes leistet.	☐	☐
17. Sie sind nicht besonders stolz darauf, in Ihrem Unternehmen zu arbeiten.	☐	☐
18. An Ihr Fortkommen im Unternehmen haben Sie keine Erwartungen.	☐	☐
19. Sie haben eine Tätigkeit, die nur einen geringen Einsatz Ihrer gesamten Kenntnisse und Fähigkeiten erfordert.	☐	☐
20. Sie wünschen sich, ganz der eigene Herr bei Ihrer beruflichen Tätigkeit sein zu können.	☐	☐

Privates und Persönliches

	Stimmt	Stimmt nicht
1. Die Arbeit macht nur einen Teil Ihres Lebens aus.	☐	☐
2. Ihre wichtigsten Lebensziele drehen sich nicht um Ihre Arbeit.	☐	☐
3. Sie denken kaum über Ihr eigenes berufliches Tun kritisch nach.	☐	☐
4. An Durchsetzungsfähigkeit in beruflichen Dingen mangelt es Ihnen.	☐	☐
5. Sie hatten schon die Gelegenheit, eine neue Stelle einzunehmen, haben sie aber aus Bequemlichkeit abgelehnt.	☐	☐
6. Sie sind ein eher unsicherer Mensch.	☐	☐
7. Über Ihre Lebens- bzw. Ihre Karriereplanung haben Sie sich noch keine Gedanken gemacht.	☐	☐
8. Sie zweifeln häufig an Ihren Fähigkeiten, vergleichen sich mit anderen und denken, andere sind besser als Sie.	☐	☐
9. Sie sind ein eher ängstlicher Mensch.	☐	☐

	Stimmt	Stimmt nicht
10. Von einmal gefassten Zielen abzurücken und sich neue Ziele zu setzen, fällt Ihnen nicht leicht.	☐	☐
11. Sie gehen Konflikten aus dem Weg.	☐	☐
12. Im Laufe Ihres Berufslebens haben sich deutliche Verschiebungen Ihrer Motive ergeben (Karriere, Erfolg usw. werden weniger wichtig).	☐	☐
13. Sie werden bei Ihrem beruflichen Engagement nicht von Ihrem Lebenspartner unterstützt.	☐	☐
14. Sie ärgern sich sehr oft.	☐	☐

Ihr Vorgesetzter

	Stimmt	Stimmt nicht
1. Sie werden durch Ihren Vorgesetzten nur mangelhaft informiert.	☐	☐
2. Entscheidungen trifft Ihr Vorgesetzter häufig über Ihren Kopf hinweg.	☐	☐
3. Die Bereitschaft Ihres Vorgesetzten zu einer offenen und sachlichen Diskussion ist mangelhaft.	☐	☐
4. Informationen setzt Ihr Vorgesetzter als Machtmittel ein.	☐	☐
5. Ihr Vorgesetzter trifft Entscheidungen, die im Widerspruch zu mit Ihnen getroffenen Absprachen stehen.	☐	☐
6. Informationen hält Ihr Vorgesetzter gezielt zurück.	☐	☐
7. Anerkennung und Kritik verteilt Ihr Vorgesetzter willkürlich.	☐	☐
8. Erfolg schreibt sich Ihr Vorgesetzter selbst zu, für Misserfolge sind die Mitarbeiter verantwortlich.	☐	☐
9. Ihr Vorgesetzter mischt sich in Ihren Kompetenzbereich ein.	☐	☐
10. Sie werden von Ihrem Vorgesetzten unsachlich kritisiert, so dass Sie sich persönlich verletzt und herabgesetzt fühlen.	☐	☐

	Stimmt	Stimmt nicht
11. Kritik äußert Ihr Vorgesetzter destruktiv, ohne dass er Ihnen Lösungen oder Verbesserungsmöglichkeiten aufzeigt.	☐	☐
12. Ihr Vorgesetzter kontrolliert Sie willkürlich.	☐	☐
13. Sie haben kein gutes Verhältnis zu Ihrem Vorgesetzten.	☐	☐
14. Sie fühlen sich durch Ihren Vorgesetzten in Ihren Leistungen nicht gerecht beurteilt.	☐	☐

Ihre Kollegen	Stimmt	Stimmt nicht
1. In Ihrer Arbeitsgruppe gibt es viele ungelöste und schwelende Konflikte.	☐	☐
2. Ihre Kolleginnen und Kollegen verhalten sich unkollegial.	☐	☐
3. Sie erhalten keine Anerkennung innerhalb Ihrer Arbeitsgruppe.	☐	☐
4. Sie werden durch Ihre Kolleginnen und Kollegen sozial nicht unterstützt.	☐	☐
5. Sie empfinden einen starken Konkurrenzkampf in Ihrer Arbeitsgruppe.	☐	☐
6. Sie nehmen eine ungerechte Arbeitsverteilung in Ihrer Arbeitsgruppe wahr.	☐	☐
7. Eine vertrauensvolle Zusammenarbeit mit Ihren Kolleginnen und Kollegen ist Ihnen nicht möglich.	☐	☐
8. Ihre Kolleginnen und Kollegen unterhalten sich nicht mit Ihnen über Privates.	☐	☐
9. Sie vermeiden es, sich auch in der Freizeit mit Ihren Kolleginnen und Kollegen zu treffen.	☐	☐
10. Die Kolleginnen und Kollegen legen keinen Wert auf Ihren Rat.	☐	☐

	Stimmt	Stimmt nicht
Ihr Unternehmen		

1. Sie arbeiten in einem Betrieb mit starren und bürokratischen Organisations- und Führungsstrukturen. ☐ ☐

2. Die Leitung Ihrer Organisation ist Ihrer Einschätzung nach unfähig, Ihnen die Sinnhaftigkeit Ihres Handelns zu vermitteln. ☐ ☐

3. Sie haben kaum Möglichkeiten, eigene Ideen zu entwickeln und umzusetzen. ☐ ☐

4. Ihre Arbeitsbedingungen sind für Sie nicht zufrieden stellend. ☐ ☐

5. Sie empfinden die Arbeits- und Ablaufprozesse in Ihrem Betrieb als nicht optimal. ☐ ☐

6. Die Geschäftsleitung Ihres Unternehmens und die leitenden Führungskräfte sind keine Vorbilder für Sie. ☐ ☐

7. Sie spüren kein großes Vertrauen innerhalb der gesamten Belegschaft. ☐ ☐

8. Sie bekommen von Ihrer Unternehmensleitung keine Visionen vermittelt. ☐ ☐

9. Die Geschäftsführung Ihres Betriebes besitzt ein autoritäres Führungsverständnis. ☐ ☐

Zählen Sie nun die Anzahl der Zustimmungen, und lesen Sie auf nachfolgender Übersicht Ihren Gefährdungsgrad für eine innere Kündigung ab:

Anzahl der Zustimmungen	Interpretation
0–12	Sie sind momentan nicht gefährdet, in eine innere Kündigung abzugleiten.
13–24	Bei Ihnen weist die zustimmende Beantwortung der Indikatoren auf eine mögliche Gefährdung durch eine innere Kündigung hin. Sie sollten die Faktoren, die Sie als unbefriedigend erleben, analysieren und beurteilen, welche davon Sie aktiv beeinflussen können.
25–36	Sie unterliegen bereits Bedingungen, die den Einstieg in eine innere Kündigung darstellen können. Sie sollten unbedingt gegensteuern, um den Prozess abzubremsen. Dies kann zunächst durch eine bewusste Auseinandersetzung mit den jeweils eine negative Wirkung auslösenden Faktoren geschehen. Prüfen Sie anschließend, welche Möglichkeiten Sie haben, diese Faktoren positiv zu beeinflussen.
37–48	Mit dieser Zahl an Zustimmungen ist zu vermuten, dass der Prozess der inneren Kündigung bei Ihnen bereits ziemlich weit fortgeschritten ist.
über 49	Alle Anzeichen sprechen dafür, dass Sie bereits in der Endphase des Prozesses der inneren Kündigung stecken. Ihnen ist zu empfehlen, mit Unterstützung von Personen Ihres Vertrauens diesen Prozess rückgängig zu machen.

2. Ursachen innerer Kündigung

Der schleichende Prozess einer inneren Kündigung speist sich aus mehreren Quellen. Dabei lassen sich vier Ebenen unterscheiden.

Die Ursachen können im einzelnen Mitarbeiter selbst begründet sein, sie sind aber auch in den wechselseitigen Beziehungen zu seinem Arbeitsumfeld, der betrieblichen Organisation und der Gesellschaft zu suchen.

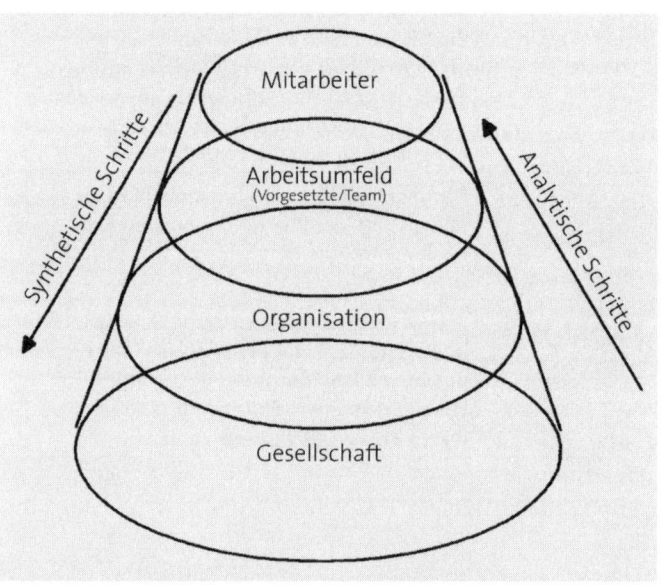

Abb. 4: Ursachenbereiche der inneren Kündigung

Gesellschaftliche Ursachen
oder: Das Schlagwort vom Wertewandel

> Kleinfamilie, direkte Nachbarschaft,
> Wertegemeinschaft – das alles sind
> Vorstellungen von vorgestern für die
> Gesellschaft von übermorgen.
> *(Ulrich Beck, Soziologe)*

Wenn es um die gesellschaftlichen Verursacher der inneren Kündigung geht, ist meist auch vom «Wertewandel» die Rede. Werte als Ordnungskonzept helfen uns als Individuen und Gruppen, sich in der komplexen Umwelt zurechtzufinden. Sie stellen aus motivationstheoretischer Sicht Grundprogramme dar, die eine verhaltenslenkende Wirkung haben. Eine heftige Diskussion lösten die Thesen Inglehardts Ende der 1980er Jahre aus. Er behauptete, dass die «materielle» Werteorientierung der Nachkriegszeit wie Wohlstand, Leistung, Sicherheit usw. durch so genannte «postmaterielle» Orientierungen wie Selbstverwirklichung, Umwelt, Kontakte usw. abgelöst werde. Bereits 1978 hatte Noelle-Neumann einen Verfall der bürgerlichen Tugenden konstatiert, beispielsweise bei der Überzeugung, dass Arbeit und Leistung sich lohnen, aber auch beim Glauben an Aufstiegschancen und Gerechtigkeit. Ihrer Meinung nach verbreiteten sich Haltungen, die mit Arbeitsunlust, Ausweichen vor Anstrengung oder Statusfatalismus zu umschreiben seien. Dem wurde durch Untersuchungen von Schmidtchen (1984) widersprochen, der eine «Zweikomponentenstruktur der Arbeitsmoral» feststellte, da er sowohl überlieferte «preußische Tugenden» wie Pünktlichkeit, Fleiß usw. und neue kommunikative Arbeitstugenden wie das Vertreten der eigenen Meinung oder den Wunsch nach Teamarbeit feststellte.

In repräsentativen Stichproben wurde ein Nebeneinander traditioneller Pflicht- und Akzeptanzwerte und neuer Selbstentfaltungswerte gefunden (Klages, 1984):

Traditionelle Werte:	Selbstentfaltungswerte:
Disziplin	Emanzipation
Gehorsam	Gleichbehandlung
Pflichterfüllung	Gleichheit
Treue	Selbstverwirklichung
Unterordnung	Abenteuer
Fleiß	Ausleben emotionaler Bedürfnisse
Bescheidenheit	Eigenständigkeit
usw.	Genuss
	usw.

Diese Wertegruppen ergeben vier mögliche Kombinationen, die als vier Wertetypen in Tabelle 10 dargestellt sind.

Tab. 10: Wertetypen nach Klages (1984)

		Selbstentfaltungswerte	
		hoch	*niedrig*
Pflicht- und Akzeptanzwerte	*hoch*	aktive Realisten: Typ 2　27,4 %	ordnungs-liebende Konven-tionalisten: Typ 1　19,6 %
	niedrig	nonkonforme Idealisten: Typ 4　21,5 %	perspektivelose Resignierte: Typ 3　31,5 %

Mit Blick auf die innere Kündigung sind vor allem die «perspektivelosen Resignierten» (31,5 Prozent) interessant, teilweise auch die «ordnungsliebenden Konventionalisten» (19,6 Prozent). Allerdings lässt sich daraus keine kollektive Neigung zu einem resignativen oder passiven Verhaltensmuster innerhalb der Gesellschaft ableiten.

Verändern sich Werte, hat dies Auswirkungen auf den Einzelnen und das Unternehmen, in dem er tätig ist, und damit auf das gesamte Handeln in Organisationen. Die Hypothese vom Wertewandel geht von drei Möglichkeiten des Wandels aus:

1. Werte der Organisation verändern sich über die Zeit nicht, wodurch starre Strukturen entstehen.
2. Beide Wertesysteme verändern sich, sowohl das des Mitarbeiters als auch das der Organisation.
3. Die verinnerlichten Werte des einzelnen Mitarbeiters bleiben unverändert, aber die der Organisation entwickeln sich weiter.

Betrachtet man die Varianten des Wertewandels, besteht im Sinne des psychologischen Vertrags die Möglichkeit, dass insbesondere die neuen Selbstentfaltungswerte sowohl von Mitarbeitern als auch von Seiten des Unternehmens eingefordert werden. Erwarten Mitarbeiter, diese Werte auch im Betrieb leben zu können, und ist dies nicht möglich, dann sind Frustrationen und entsprechende Reaktionen, bis hin zur inneren Kündigung, an der Tagesordnung. Entwickelt andererseits das Unternehmen Erwartungen hinsichtlich dieser Werte an Mitarbeiter und können diese von ihnen nicht erfüllt werden, kann eine innere Kündigung diesen Personen auch «zugeschrieben» werden.

Nicht das Arbeiten an sich hat wohl an Wert verloren, vielmehr sind die den Aufgabenstellungen entgegengebrachten Ansprüche gestiegen (Stengel, 1993, S. 705). So wünschen sich immer mehr Menschen eine abwechslungsreiche und interessante Arbeit, die den Kontakt zu anderen ermöglicht und die Chance zur Verwirklichung eigener Ideen beinhaltet. An Bedeutung gewinnen aber auch Verantwortung und eine Verkürzung der Arbeitszeit. Dagegen gehen die Erwartungen an das Einkommen und die Karrieremöglichkeiten eher zurück.

Im Kontext des Wertewandels lässt sich innere Kündigung als resignative Abkehr von der Arbeit verstehen, insofern sie die veränderten Ansprüche nicht erfüllen kann. Dies führt zu einer Hinwendung zum außerberuflichen, privaten Bereich. Werden Arbeiter, die vor allem repetitive Arbeiten verrichten müssen, mit Selbständigen, Freiberuflern und Angestellten verglichen, zeigt sich diese Tendenz besonders eindrucksvoll für die Gruppe der Arbeiter.

Vieles spricht dafür, dass grundsätzlich die Bereitschaft gesunken ist, sich beruflich zu engagieren. Bei genauerer Betrachtung scheint jedoch nicht das berufliche Engagement drastisch gesunken zu sein, sondern das Außerberufliche, die Freizeit hat stärker an Gewicht gewonnen. Daher vermuten Forscher wie Bolte & Voss (1988) hinter dem Wertewandel einen komplexen Prozess der Bedeutungsverschiebung im gesamten Spektrum der Lebensinteressen weg von der Erwerbsarbeit. Sie sehen keinen Verfall der Arbeitsethik, sondern eine Veränderung der Werterealität: «Diese Einstellungsänderungen sind vielmehr als Folge einer Festigung und weiterer Verbreitung tragender kultureller Werte der Industriegesellschaft und des Bestrebens zu verstehen, diese unter veränderten gesellschaftlichen Lebensbedingungen zu verwirklichen» (Bolte & Voss, 1988, S. 79). Menschen müssen heute Arbeits- und Lebenswelt zu einem biographischen Projekt verbinden. Aufgrund unterschiedlicher Begabungen, Fähigkeiten und Fertigkeiten wird dieses Projekt in verschiedener Form verwirklicht. Strümpel hat dafür den Begriff der «Gleichgewichtsethik» geprägt, der besagt, dass weder das eine noch das andere ein Übergewicht erhalten soll (1985, S. 65 ff.).

Auch eine hohe Arbeitslosenquote kann zur gesellschaftlichen Bedingung für ein Abrutschen in die innere Kündigung werden; denn sie hat großen Einfluss auf die Wahl des Arbeitsplatzes. Eine hohe Arbeitslosenquote begrenzt die Chancen, Arbeitsbedingungen, die unzufrieden machen oder aus diversen Ursachen als unzumutbar empfunden werden, durch eine äußere Kündigung zu beenden. Dies trifft vor allem diejenigen, die Familie haben oder finanzielle Verpflichtungen eingegangen sind. In der Regel müssen Erwerbslose, vor allem nach langer Arbeitslosigkeit, Tätigkeiten annehmen, für die sie sich bei einer Wahlmöglichkeit nicht entscheiden würden. Weder Arbeitsinhalt noch Arbeitsbedingungen sind mit ihren Vorstellungen vereinbar und damit eher unbefriedigend. Die dabei entstehenden inneren Konflikte werden dann häufig durch eine Rücknahme des Engagements und einen «Dienst nach Vorschrift» gemildert.

Aus unseren Befragungsdaten lässt sich eine wechselseitige Beeinflussung von Gesellschaft und Unternehmen hinsichtlich gelebter Werte ableiten. Die Befragten stellten bei den von ihnen präferierten fünf gesellschaftlichen Auslösern einer inneren Kündigung den zunehmenden Druck im Arbeitsleben, d. h. den *Trend zu einer Gesellschaft, in der nur noch die Leistung zählt*, an erste Stelle. In toto werden folgende gesellschaftliche Ursachen für die innere Kündigung in absteigender Reihenfolge genannt:

- Trend zu einer Gesellschaft, in der nur noch die Leistung zählt;
- Trend zur Anspruchsgesellschaft;
- Wertewandel in der Gesellschaft;
- zunehmende Perspektive- und Orientierungslosigkeit;
- mangelnde gesellschaftliche Wertschätzung der ausgeübten Tätigkeit.

Die Analyse ergibt für die Daten zu den gesellschaftlichen Ursachen drei Faktoren:

- den gesellschaftlichen Wertewandel,
- eine zunehmende Individualisierung,
- eine mangelnde sozioökonomische Wertschätzung in der Berufswelt.

Der erste Faktor bezieht sich auf die veränderten Werte bzw. den Verlust von Werten (Orientierungslosigkeit) und lässt sich als *Gesellschaftlicher Wertewandel* charakterisieren. Er vereinigt die meisten gesellschaftlichen Gründe, die von den

Tab. 11: Gründe für eine innere Kündigung auf gesellschaftlicher Ebene

Rangfolge der Nennungen in der Gesamtauswertung in Prozent		Gesamtstichprobe N = 651
Rang	Item	
1.	Trend zu einer Gesellschaft, in der nur noch die Leistung zählt	80,8 %
2.	Trend zur Anspruchsgesellschaft	71,7 %
3.	Wertewandel in der Gesellschaft	64,2 %
4.	Zunehmende Perspektive- und Orientierungslosigkeit	60,6 %
5.	Mangelnde gesellschaftliche Wertschätzung der ausgeübten Tätigkeit	57,6 %

Befragten als Ursache für eine innere Kündigung angegeben werden, so den Trend zur Anspruchs- und Freizeitgesellschaft, den allgemeinen Wertewandel und die zunehmende Perspektive- und Orientierungslosigkeit in unserer Gesellschaft.

Faktor zwei ist mit *Individualisierung* bezeichnet, da die betreffenden Aussagen die kollektive Abkehr von Leitbildern bzw. den Mangel an individueller gesellschaftlicher Orientierung umfassen, andererseits aber auch die verbesserten Möglichkeiten für eine individuelle außerberufliche Anerkennung. Im Mittelpunkt dieser Aussagen stehen eine Abkehr vom Kollektiv und eine Hinwendung zum Individuum. Faktor drei lässt sich mit *Mangelnde sozioökonomische Wertschätzung* überschreiben, da er sich aus den Fragebogenaussagen zusammensetzt, die sich auf die Ausgrenzung bestimmter gesellschaftlicher Gruppen, die gesellschaftlichen Leistungsanforderungen sowie die mangelnde Anerkennung der ausgeübten Tätigkeit beziehen.

Lösung: Sinn-Management –
ein Weg aus der Orientierungslosigkeit

> Wo kämen wir hin, wenn alle sagten, wo kämen
> wir hin, und niemand ginge, um einmal
> zu schauen, wohin man käme, wenn man ginge.
>
> *(Kurt Marti)*

Die mangelnde Implementierung einer Unternehmensvision oder deren fehlender Bezug zur Realität kann dazu führen, dass Mitarbeiter künftige Ziele nicht als Orientierungshilfen für ihr Handeln verstehen. Die Folge: Mitarbeiter richten sich in ihrer momentanen Situation ein, nehmen ihr Engagement zurück und treten ohne den Anreiz erstrebenswerter Zielsetzungen einen phasenweisen Rückzug in die innere Kündigung an (Krystek et al., 1995, S. 109). Der Begriff der Vision wird häufig mit Strategie oder strategischem Denken in Zusammenhang gebracht. Die betriebliche Praxis unterscheidet beide Definitionen meist nicht. Unter Vision wird ein konkretes und motivierendes Bild der Zukunft verstanden. Dieses visionäre Bild ist in der Lage, Menschen Sinn zu vermitteln, sie zu begeistern, zu motivieren und Energien freizusetzen. Eine Vision gibt Ziele vor, die Menschen erreichen wollen, und vermittelt den Weg dorthin, häufig unter Beschreibung der Methoden und Instrumente. Visionen schaffen in der Regel Gemeinschaft, Identität und stiften Sinn für das Tun. Das Vermitteln von Visionen und des Sinns der Arbeit ist eine Stellschraube bei der Vorbeugung von innerer Kündigung. Visionen werden umso wichtiger, je schneller der gesellschaftliche und berufliche Wandel voranschreitet. Auf lange Sicht werden nur jene Organisationen erfolgreich sein, die sich schnell an veränderte Umfeldbedingungen anpassen. Wird Mitarbeitern die Sinnhaftigkeit ihres Tuns vermittelt, wird Orientierung geboten. Und werden Veränderungsprozesse notwendig, im Sinne von Umgestaltungen eines Unternehmens, stehen Mitarbeiter eher hinter den neuen Zielen, wenn die Vision und der Sinn der Veränderung adäquat vermittelt wurden und werden. Ob dies gelingt, hängt in hohem Maße von den Führungskräften ab. Sie werden zu Sinnvermittlern bei der Umsetzung von Strategien und müssen die Rollen von Unterstützern, Motivatoren und Promotoren einnehmen. Dazu benötigen sie:

- ◆ Wissen und Verständnis für unternehmensstrategische Fragen;
- ◆ Informationen zu den strategischen Erfolgspositionen und den angestrebten Veränderungen;
- ◆ Veränderungsziele, hinter denen sie stehen, und die Bereitschaft, diese in ihrem Arbeitsgebiet umzusetzen;
- ◆ Fähigkeiten, strategisch relevante Themen adressatengerecht zu kommunizieren;
- ◆ die Bereitschaft, zu Trägern der angestrebten Sollkultur zu werden und die
- ◆ zukünftigen Verhaltensweisen, Einstellungen usw. bewusst vorzuleben;
- ◆ ausreichend Empathie, um die Ängste, Unsicherheiten und Widerstände zu erfassen und produktiv mit ihnen umgehen zu können;
- ◆ Geschick, um Veränderungsbereitschaft und Energie bei den Mitarbeitern zu wecken.

In Zielvereinbarungsgesprächen zwischen Führungskraft und Mitarbeiter geht es auch um Visionen und strategische Ziele, die auf die unteren Ebenen heruntergebrochen werden und von Einzelnen umzusetzen und zu erreichen sind. Mitarbeiter können aber erst dann selbständig und engagiert Ziele verfolgen, wenn sie die Zusammenhänge von Geschäftszielen und den damit zusammenhängenden Prozessen kennen und verstehen. Denn nur, wo der Sinn von Zielen transparent wird, aktivieren sie Menschen und manifestieren sich in gewünschtem Verhalten. Hierzu müssen Führungskräfte in Zielvereinbarungsgesprächen motivierende Ziele mit Mitarbeitern vereinbaren. Die Einbindung in die Ziele der Organisation beugt einer inneren Kündigung vor.

Es lässt sich jedoch nicht übersehen, dass zunehmend auch Führungskräfte ihre Schwierigkeiten bei der Sinnfindung haben und verstärkt Rollenunsicherheit verspüren. Dafür verantwortlich sind nicht allein die neuen Herausforderungen bei der Führung von Mitarbeitern, sondern auch der Verlust früherer Sicherheiten und die Einbuße von Status. Seit Beginn der 1990er Jahre rollt eine Rationalisierungswelle durch die Unternehmen. Insofern können sie in ihrer Rolle als Führungskraft «Täter» und «Opfer» zugleich sein, da es ihnen eventuell nicht ausreichend gelingt, den Sinn betrieblicher Maßnahmen an Mitarbeiter zu vermitteln, sie aber ebenso in ihrer eigenen Rolle nach Orientierung suchen.

Misstrauenskulturen, Visionslosigkeit und unflexible Organisationsstrukturen

> Zuviel Vertrauen ist häufig eine Dummheit,
> zuviel Misstrauen ist immer ein Unglück.
> *(Johann Nestroy)*

Die Ursachen für eine innere Kündigung, die auf Unternehmensebene anzusiedeln sind, lassen sich in vier Teilbereiche untergliedern. Sie sind nachfolgend graphisch dargestellt und werden im Uhrzeigersinn beschrieben.

1. Ist Kontrolle besser als Vertrauen?

In so genannten Misstrauenskulturen findet sich ein Klima, das den Prozess der inneren Kündigung befördert. Ursache ist ein überkommenes Menschenbild, wie es schon von McGregor (1960) in seiner Theorie X beschrieben wird. Der Mensch wird in einer Misstrauenskultur wie folgt gesehen:

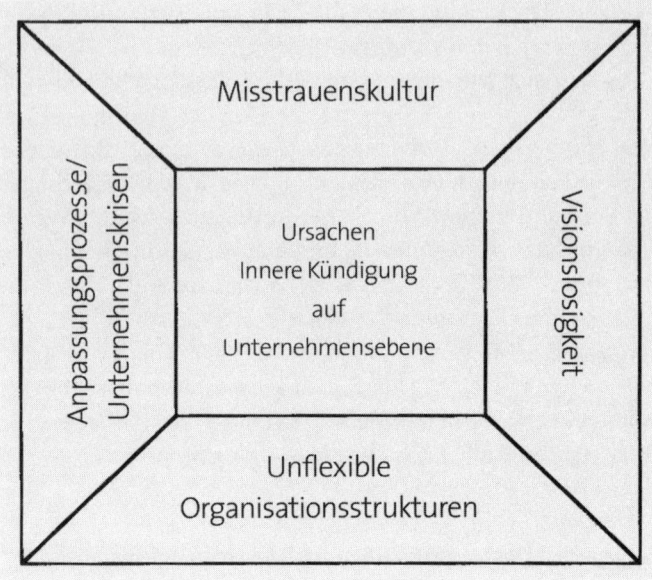

Abb. 5: Ursachen innerer Kündigung auf Unternehmensebene

+ Er besitzt eine angeborene Abneigung gegen Arbeit und geht ihr folglich möglichst aus dem Wege;
+ nicht einmal gute Arbeitsbedingungen können etwas daran ändern;
+ nur die Strategie «Zuckerbrot und Peitsche» kann ihn dazu bewegen, mehr als das Minimum an Leistung zu erbringen;
+ deshalb motivieren ihn ausschließlich ökonomische Anreize («rational economic man»).

Diese auf Misstrauen gegenüber dem Mitarbeiter aufbauende Einstellung des Managements begünstigt den Prozess der inneren Kündigung, da damit in der Regel eine starke Fremdkontrolle der Organisationsmitglieder einhergeht. Typisch für Misstrauenskulturen sind der autoritäre Führungsstil und die auf Fremdkontrolle ausgerichteten Führungsinstrumente. Das Gegenstück hierzu stellt nach McGregor (1960) das

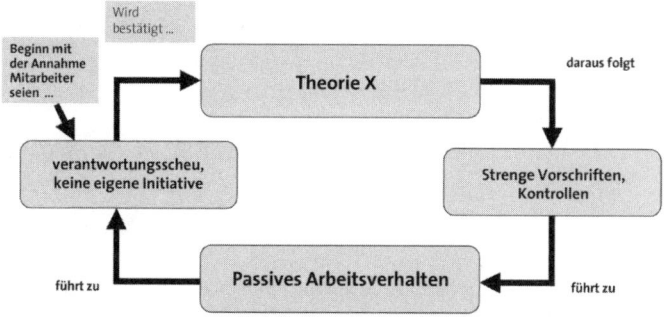

Abb. 6: Die Beeinflussung des Verhaltens durch das Menschenbild

Menschenbild der Human-Relations-Bewegung und die daraus resultierende Vertrauenskultur in einem Unternehmen dar (Theorie Y).

Fallbeispiel: Der verlorene Bauauftrag

Vorgesetzter: Ist es korrekt, dass wir den Auftrag der Handelsgesellschaft nicht bekommen haben?

Mitarbeiterin: Ja, das stimmt!

Vorgesetzter: Was haben wir da falsch gemacht?

Mitarbeiterin: Wir hätten schneller auf die veränderten Wünsche der Firma reagieren müssen. Die sind dauernd mit anderen Sachen gekommen, die noch ins Angebot aufgenommen oder verändert werden sollten.

Vorgesetzter: Dann hätten Sie das in Gottes Namen eben tun müssen. Muss ich denn in diesem Laden alles alleine machen?

Mitarbeiterin: Entschuldigung, das stimmt so nicht. Wir dürfen ja leider nicht viel selbstständig entscheiden, das haben Sie selbst so verfügt. Unsere Kompetenz reicht ja gerade dazu aus, unser Büromaterial zu bestellen.

Vorgesetzter: Dann hätten Sie eben einmal mutiger sein müssen.

Mitarbeiterin:	Sie wissen selbst, dass ich das einmal gemacht habe und mächtigen Ärger mit Ihnen bekommen habe. Außerdem habe ich Sie bereits vor drei Monaten darum gebeten, die Kalkulationen, die ich für das Angebot gemacht habe, noch einmal gegenzuchecken. Ich habe zwei Wochen darauf gewartet. Sie haben mich immer wieder vertröstet.
Vorgesetzter:	Das war vor drei Monaten, die Absage kam gestern!
Mitarbeiterin:	Das stimmt! Aber zwischenzeitlich kamen weitere Änderungswünsche, und ich habe immer wieder versucht, einen Termin bei Ihnen zu bekommen, leider mit wenig Erfolg. Wir haben dann nur das eine und andere zwischen Tür und Angel besprochen, mehr nicht.
Vorgesetzter:	Wenn ich sehe, wie das hier gelaufen ist, dann wird mir klar, dass es eben ohne Kontrolle nicht geht.

2. Wenn Visionen fehlen ...

> Wirklich motivierend ist nur die Inspiration,
> die vom Unternehmer ausgeht, der sich
> selbst und einen möglichst großen Teil
> der mit ihm Zusammenwirkenden mit
> «Sinn und Ziel» dessen, was sie zusammen
> unternehmen, identifiziert.
>
> *(Oswald von Nell-Breuning)*

Unternehmen brauchen Visionen, um sich weiterzuentwickeln. Visionen bestimmen den Kurs und stellen einen Katalog von Werten und Bekenntnissen der Unternehmensführung zum unternehmerischen Handeln dar. Gleichzeitig sind sie die Grundlage der gelebten Unternehmenskultur sowie der Wünsche und Erwartungen der Belegschaft. Damit informieren Visionen Führungskräfte und Mitarbeiter über die gewünschten Werte, Normen und Grundprinzipien der Organisation. Transparente Leitgedanken unterstützen Geschäftsleitung und Führungskräfte bei zeitgemäßer und der Situation angepasster Führung, wodurch Fehler erkennbar und damit korrigierbar werden. Jeder Mitarbeiter eines Betriebes erhält dadurch Kenntnis, wie er durch sein persönliches Verhalten zum Erfolg des Unternehmens beitragen kann. Unternehmen, die es nicht schaffen, ihre Visionen transparent zu machen, betriebliche Zusammenhänge zu verdeutlichen, nachvollziehbare Ziele an die Mitarbeiter heranzutragen und bei notwendigen Umstrukturierungen die Betroffenen zu Beteiligten zu machen, werden die Sinnfindung ihrer Organisationsmitglieder kaum befördern. Die mangelnde Verankerung einer Unternehmensvision oder der fehlende Realitätsbezug führt dazu, dass Mitarbeiter sich nicht oder nur unzureichend auf zukünftige Ziele ausrichten. Vielmehr versuchen sie, den momentanen Zustand zu konservieren, was dazu führt, dass sie ihr Engagement zurücknehmen und im negativen Fall in die innere Kündigung abtauchen.

3. Wenn Organisationen unbewegliche Strukturen besitzen

> Der Gegensatz zur Hierarchie ist nicht das Chaos, sondern die Autonomie.
> *(Hans A. Pestalozzi)*

Unflexible Organisationsstrukturen zeichnen sich durch tief gestufte Hierarchien, eine Überbetonung des Vertikalen sowie durch zahlreiche Vorschriften und Regelungen aus. Die Distanz zwischen den Hierarchieebenen wird stärker betont als deren Nähe. Das Statusdenken ist ausgeprägt, und die Kommunikation läuft über den «Dienstweg». Die obersten Funktionsträger vertreten das Interesse der Funktion gegenüber den nachgelagerten Ebenen. Bei ihnen konzentriert sich die Entscheidungsgewalt, an der Basis das konkrete Erfahrungswissen. Die Ausführungsebene schöpft ihr Erfahrungswissen meistens nicht aus, da sie sich nicht verantwortlich fühlt. Die Führungsebene ist überfordert, weil sie sich «um alles kümmern muss». Horizontale Aktivitäten der Bereiche, Abteilungen oder Arbeitsgruppen beschränken sich auf ein Minimum an Tagesfragen.

Ein derartiger Organisationsaufbau führt zu Unbeweglichkeit und zeitlichen Verzögerungen. Dies wirkt sich negativ sowohl auf den Informationsfluss als auch auf Entscheidungen und das betriebliche Vorschlagswesen aus. Verantwortliche auf der obersten Hierarchieebene erhalten gefilterte Informationen, was sich in einer ausgeprägten Realitätsferne der Betroffenen widerspiegelt. Andererseits geht Information auf dem Weg von der Unternehmensspitze zu den unteren Führungsebenen verloren; dies trifft insbesondere die unterste Ebene der Führungskräfte. Dafür erhalten bei Personalbedarf die zweite und dritte Führungsebene häufiger Verstärkung, da die obersten Entscheider eine größere Nähe zu deren Schwierigkeiten und Erlebniswelten haben (vgl. Hillengaß, 1994). Obwohl auch Organisationen der freien Wirtschaft solche Strukturen aufweisen können, sind sie typisch für Verwaltungen.

4. Anpassungsprozesse und Unternehmenskrisen

> Krisen meistert man am besten,
> indem man ihnen zuvorkommt.
> *(Walt Whitmann)*

Unternehmen müssen sich mit zunehmender technischer Entwicklung und der Globalisierung der Märkte immer rascher an Veränderungen anpassen. Sie sind je nach Branche und Stellung im Absatz- und Beschaffungsmarkt häufig dramatischen Entwicklungen ausgesetzt. Laufen diese Entwicklungen im Sinne eines *Anpassungsprozesses* ab, kommt es meist in der Konsequenz zu Rationalisierungen oder Firmenzusammenschlüssen. Aber auch der Abbau von Bürokratie, um zu schnelleren Entscheidungen zu kommen, führt zu gewollten Veränderungen. Sie sind häufig mit Personalfreisetzungen verbunden und stellen komplexe Veränderungsprozesse dar. Bei derartigen Veränderungen werden schwache, unbewusste Signale aus der Mitarbeiterschaft von den Verantwortlichen nicht ausreichend rasch wahrgenommen oder gar zu spät erkannt. Dadurch erreichen Mitarbeiter schnell den Punkt, an dem sie sich mental aus einem Veränderungsprozess verabschieden. Die Gefahr, in die innere Kündigung zu geraten, tritt meist dann auf, wenn das zunächst vorhandene Engagement, die bejahte Veränderung aktiv zu unterstützen, zu stagnieren beginnt, weil sich erste Enttäuschungen einstellen, Skepsis sich breit macht oder die Realität eine andere als die versprochene ist. Zweifel am Sinn des gesamten Veränderungsprozesses treten auf. Es kommt zu Befürchtungen, dass der Umgestaltungsprozess ganz anders, auch zum eigenen Nachteil, verlaufen könnte. Deutschmann (2001) weist mit Blick auf Führungskräfte darauf hin, dass bei betrieblichen Rationalisierungsmaßnahmen vermehrt auch mittlere und untere Vorgesetzte «nicht mehr länger nur Betreiber, sondern immer mehr auch Betroffene» sind (S. 72). Dies alles befördert Absicherungstendenzen und Entscheidungsängste. Zum zaudernden Verhalten kommt der Rückzug und schließlich die innere Kündigung.

Bei *Unternehmenskrisen* funktioniert der Mechanismus, der in die innere Kündigung führen kann, etwas anders. Krisen, in die Unternehmen geraten, sind im Unterschied zu geplanten Veränderungen ungewollt, ungeplant, kaum beeinflussbar und zeitlich limitiert. Sie sind in ihrer Konsequenz oft nicht einschätzbar und können in einem Konkurs, Vergleich oder einer Übernahme durch eine andere Firma enden. Krisen bedrohen die Organisation als Ganzes. Höhn beschreibt eine Krisenbewältigungsreaktion des Unternehmens, die darin besteht, zu einer autoritären Führungskultur zurückzukehren. Die Folgen daraus sind Blockierungen der Mitarbeiterinitiative und eine entsprechende Demotivation (Höhn, 1988). Dies führt dazu, dass Organisationsmitglieder als Überlebensstrategie in die «innere Emigration» flüchten, da sie keine andere Chance sehen, diesen unangenehmen Führungsbedingungen zu entgehen. Damit wird eine Strategie gewählt, deren Ziel es ist, in einer Art «Larvenstadium» die Krise zu überstehen, um selbst nicht von den Auswirkungen getroffen zu werden. Zudem verhält man sich nach dem Motto: «Derjenige, der weniger tut, macht auch weniger Fehler.»

Fallbeispiel: Die enttäuschte Projektgruppe

Petra K., Privatkundenberaterin in einer Genossenschaftsbank und seit knapp einem Jahr im Unternehmen, wurde vom Vertriebsvorstand der Bank in die Projektgruppe «Vertriebswege-Umgestaltung» berufen. Sie sollte die Projektleitung eines insgesamt vierköpfigen Teams übernehmen. Dazu wurde sie von ihrem Bereichsleiter mit den wichtigsten Informationen und einem schriftlichen Projektauftrag ausgestattet. Frau K. war zuvor, wie die gesamte Belegschaft, nur in einer «Informationsmesse» über den geplanten Veränderungsprozess informiert worden. Die dabei entstandenen «Informationslücken» wurden in den letzten Wochen von den Mitarbeitern der Bank mit Mutmaßungen und Fantasien aufgefüllt. Es zeigte sich, dass diese Spekulationen eher negativer Natur waren. Bei den direkt Betroffenen stellte sich nicht das Gefühl ein, dass die Entscheidungen des Vorstandes, diesen Change-Prozess durchzuführen, «irgendwie in Ordnung» waren. Vielmehr kamen Vermutungen auf, dass sich der Marktvorstand mit seinen Kollegen wieder einmal am grünen Tisch ein «sinnloses Projekt» zu Lasten der Privatkundenberater und -betreuer sowie der Kunden ausgedacht habe.

Frau K. fand die Reaktionen der Belegschaft befremdlich; die Mitarbeiter hatten jedoch zahlreiche Beispiele für misslungene

«Hauruck-Aktionen» parat. Natürlich gab es in den letzten Jahren auch Umbauprozesse, bei denen Personal freigesetzt wurde, obwohl anfangs keine Rede davon war. Die aktuelle Reaktion der Kollegen und Kolleginnen führte Petra K. auf das eher misstrauische Grundklima in der Bank zurück, welches sich aus den Erfahrungen mit gescheiterten «Projekten» entwickelt hatte. Dies erklärte auch den Reflex, den die Arbeitnehmervertretung regelmäßig zeigte, wenn alleine bei der Ankündigung von Veränderungsprozessen durch den Bankvorstand sofort nach dem «Haken an der Sache» gesucht wurde. Daher war der Betriebsrat immer schnell mit der Forderung nach einer Betriebsvereinbarung zur Stelle, natürlich in der guten Absicht, die Arbeitnehmer der Bank vor möglichen Nachteilen zu schützen.

Somit stand das Projekt, an dem Frau K. mitarbeiten sollte, von Beginn an unter misstrauischer Beobachtung. Gleichwohl war Frau K. überzeugt vom Konzept und ging mit positiver Einstellung an ihren Auftrag. Sie hatte gehofft, dass das verantwortliche Vorstandsmitglied zum Kickoff-Meeting erscheinen und damit die Bedeutung der Projektarbeit im Rahmen des Veränderungsprozesses unterstreichen würde. Leider hatte der zuständige Geschäftsführer einen «anderweitigen Termin» und ließ sich in der Gruppe entschuldigen. Das Nichterscheinen des Vorstandes irritierte Frau K. und lieferte sogleich denjenigen «Munition», die den ganzen Veränderungsprozess eher negativ sahen.

Ungeachtet dessen arbeitete sich Petra K. rasch mit ihren anderen vier Kollegen in die Aufgabenstellung ein. Im Gegensatz zur allgemeinen Stimmung hatten sie dabei das Gefühl, dass der Change-Prozess Sinn ergab. Kern der Veränderung war die Entlastung von Beratern und Betreuern von administrativen Tätigkeiten und der Aufbau so genannter «Kunden-Service-Center» (KSC). Gemeinsam erstellte die Projektgruppe den Projektplan, legte Meilensteine und Arbeitspakete fest. Wichtige Entscheidungen, wie das Festlegen der «Standorte» für die KSC, wurden bereits nach kurzer Zeit gefällt. An ihnen sollten Servicemitarbeiter Kundengespräche entgegennehmen, einfache Beratungen durchführen oder bei Aktionen Kunden aktiv anrufen. Aus Sicht von Frau K. und den anderen Projektteilnehmern galt es, nun auch die anderen Kollegen und Kolleginnen aus dem Privatkundenbereich für die Change-Maßnahme zu gewinnen und bei denen Überzeugungsarbeit zu leisten, die evtl. einen neuen Arbeitsplatz bekommen sollten bzw. durch die festgelegten «Standorte» einen weiteren Weg zur Arbeit hätten.

Die nächsten Wochen waren für Petra K. und ihre Projektkollegen mit viel Arbeit verbunden. Vor allem versuchten sie in Gesprächen, betroffene Mitarbeiter von den Vorteilen des Umgestaltungsprozesses zu überzeugen. Dabei musste Frau K. oft genug mit Zynikern und Bremsern, die leidvolle Erfahrungen gemacht hatten, darüber diskutieren, ob sich das Unternehmen überhaupt verändern lässt. Der zuständige Marktvorstand wurde von ihr regelmäßig über den Projektstand unterrichtet, ohne dass er jedoch auf diese Berichte einging. Als schließlich der Zwischenbericht zum Projekt anstand, der in Form einer Präsentation durch das Projektteam vor dem Gesamtvorstand dargestellt werden sollte, wurde dieser Termin mit der Begründung abgesagt, dass die Geschäftsleitung sich nochmals über das weitere Vorgehen im Umgestaltungsprozess abstimmen wolle. Frau K. reagierte wie ihre Kollegen mit Unverständnis und Enttäuschung. Zwei Tage nach der Vorstandssitzung erhielt das Projektteam die Direktive, zunächst weiterzuarbeiten, jedoch unter der Prämisse, die «Standortfrage» zunächst auszuklammern, da «noch nicht alles entschieden» sei.

Frau K. und ihre Kollegen, die ihre nächsten Schritte auf ihrer Entscheidung zu den Standorten der KSC aufgebaut hatten, waren tief verunsichert. Was sollte ihre Arbeit noch, wenn der Vorstand «sowieso macht, was er will»? Und überhaupt, wie standen sie da, sie hatten das Projekt beworben und die Vorteile herausgestellt, und nun stand alles in Frage. Das Team beschloss, keine Entscheidungen mehr zu treffen und abzuwarten. Schließlich sickerte eine Woche nach der Vorstandssitzung seitens des Betriebsrats durch, dass der Vorstand das Gespräch suche, da vermutlich durch den Umbau des «Vertriebs» nun doch betriebsbedingte Kündigungen zu erwarten seien; denn nicht alle Mitarbeiter könnten in die neue Aufgabe übernommen werden. Petra K. und ihre Kollegen bekamen nach dem Anruf beim Betriebsratsvorsitzenden dieses Gerücht indirekt bestätigt. Alle Projektteilnehmer baten den zuständigen Vorstand, sie von der Aufgabe zu entbinden, und schworen sich im kleinen Kreis, sich nie wieder für ein übergeordnetes Ziel zu engagieren – schon gar nicht in dieser Bank.

Lösung: Den Gestaltungsrahmen des Personalmanagements nutzen

Im Rahmen des Personalmanagements ist eine Übereinstimmung zwischen den Zielen der Mitarbeiter und denen der Organisation anzustreben, auch wenn eine vollständige Übereinstimmung sicherlich eine Illusion bleiben muss. Zwischen den theoretisch möglichen Extremen, von totaler Kontrolle der Mitarbeiterschaft bis zu völliger Selbstkontrolle und Selbstentscheid, erstreckt sich die betriebliche Wirklichkeit. Organisationen müssen daher Zielkonflikte zwischen den Mitarbeiterbedürfnissen und den Organisationszielen vermeiden. Die Ziel-Kongruenz-Theorie (vgl. Argyris, 1985; Bateson, 1981) beschäftigt sich mit den Konsequenzen für die Personalarbeit. Innovative Unternehmenskulturen tragen der Theorie inzwischen weitgehend Rechnung, wie an deren Unternehmensleitbildern und Führungsgrundsätzen abzulesen ist. Ob die Forderungen der Ziel-Kongruenz-Theorie in diesen Grundsätzen und Leitlinien auch «leben», steht auf einem anderen Blatt. Im Sinne der Theorie ist ein Mit-Arbeiter ein Mit-Verantwortlicher, der als Einzelelement eines Gesamtsystems agiert. Welche Gestaltungsmöglichkeiten das Personalmanagement wirklich besitzt, um diesen theoretischen Ansatz umzusetzen, hängt von der Unternehmenskultur ab, in die es eingebettet ist.

Argyris (1990) benutzt für die beiden Extrempole der Unternehmenskultur die Begriffe *mechanistische Organisation* und *organische Organisation*. Die mechanistische Kultur wird meistens mit *Misstrauenskultur* gleichgesetzt und stellt die geläufigere Bezeichnung dar. Obwohl in heutigen Unternehmen die mechanistische Organisation in Reinform kaum mehr vorhanden zu sein scheint und eher organische Strukturen praktiziert werden, liegen aus der Sicht «nicht weniger Führungskräfte» eher «die Voraussetzungen für ein mechanistisches System» vor. Kriterien wie Streben nach Stabilität, Berechenbarkeit der Entscheidungsfindung, klare Zuständigkeiten usw. müsste danach Vorrang eingeräumt werden (Wottawa & Gluminski, 1995, S. 59). Strategien der strukturellen Umgestaltung von Unternehmen bedenken diesen Umstand zu wenig. Die Folge davon ist eine zögerliche, unter Umständen vollständig unterbleibende Veränderung des Verhaltens der Führungskräfte und damit der gesamten Kultur des Unternehmens.

Während die mechanistische oder tayloristische Organisation ein passives Arbeitsverhalten befördert, das durch entsprechende Kontrollen noch vertieft wird, setzt die organische Organisation auf die im Menschen liegenden Selbststeuerungs- und Organisationspotenziale. Mitarbeiter sollen diese Potenziale auch produktiv einsetzen, wenn die betrieblichen Rahmenbedingungen stimmen. Die Reaktion auf das Phänomen der inneren Kündigung ist daher im Kontext mit dem Personalmanagement auch vom Menschenbild der jeweiligen Geschäftsführung abhängig. Ist Vertrauen in die Belegschaft vorhanden und wird auf partnerschaftliche Weise zusammengearbeitet, ist die Wahrscheinlichkeit groß, das Phänomen erfolgreich zurückdrängen zu können.

Wer einen Personalabbau «überlebt», gerät häufiger in die innere Kündigung

Die bisher angesprochenen Reaktionen von Mitarbeitern auf Veränderungsprozesse im Unternehmen finden sich im Konzept der Survivor-Problematik wieder.

Bereits im Jahr 1988 machte Brockner darauf aufmerksam, dass es nach einem Personalabbau in Unternehmen bei den verbleibenden Mitarbeitern, die diesen Stellenabbau «überlebt» haben, zu negativen Reaktionen kommen kann. Dabei wird unter Personalabbau eine externe Freisetzung von Belegschaftsteilen einer Organisation verstanden, die betriebsbedingt verursacht ist. Dieses Phänomen wird in der Literatur zwischenzeitlich als *Survivor-Problematik* beschrieben.

Einige der Reaktionsweisen gleichen denen der inneren Kündigung aufs Haar. Für die Entstehung wird ein Prozess verantwortlich gemacht, der von der Gültigkeit des ursprünglichen, alten psychologischen Vertrags ausgeht. Durch die Personalfreisetzung kommt es zu drastischen Veränderungen des Vertrags. Das veränderte Verhältnis zwischen den Vertragsparteien, sprich Arbeitgeber und Arbeitnehmer, drückt sich in den Reaktionen der «Überlebenden» aus. Handlungsorientierte Mitarbeiter und diejenigen, die Chancen auf dem Arbeitsmarkt sehen, kündigen nach Personalreduktionen oft aus freien Stücken. Ein Großteil derer, die empört und emotional auf einen Stellenabbau reagieren, zieht jedoch die Loslösung vom Unternehmen im Sinne der inneren Kündigung vor. Diese Reaktion erfolgt nicht zuletzt auch deshalb, weil die Angst, durch Fehler aufzufallen und der Nächste beim Abbau von Stellen zu sein, verstärkt zum «Dienst nach Vorschrift» führt.

Die Weiterbeschäftigten empfinden und erleben – in sehr ähnlicher Weise wie die direkt von der Entlassung Betroffenen – das Ende des bislang gewohnten und durch gegenseitige Loyalität geprägten psychologischen Vertrags. Der Einschnitt wirft einen langen Schatten auf die bisherigen Arbeitsgewohnheiten und kommt einem psychosozialen Umstellungsprozess gleich. In der Fachliteratur wird davon ausgegangen, dass zwischen 60 und 80 Prozent der Survivor von negativen Stimmungsveränderungen betroffen sind (Henkoff, 1994). Die Loyalität zum Unternehmen schwindet und kann sich besonders negativ bei denen auswirken, die zuvor eine ausgeprägte Bindung an die Organisation hatten. Misstrauen gegenüber der Unternehmensleitung baut sich auf und geht in Entfremdung über. Grundlegender Vorgang ist dabei das Absinken der Arbeits- und Zugehörigkeitsmotivation der Verbleibenden. Der sich auf einem niedrigen Niveau etablierende motivationale Zustand bleibt oft über Jahre erhalten. Die beschriebene Reaktion ist umso heftiger und tief greifender, je unfairer die Verbleibenden die Personalfreisetzung empfinden und die veränderten Arbeitsbedingungen als Bedrohung einstufen.

Zur Darstellung des Ablaufs von Survivor-Reaktionen wird häufig das Trauermodell von *Elisabeth Kübler-Ross* verwendet (siehe unten). Die Anwendung des Modells auf in der Organisation verbleibende Mitarbeiter führt zu interessanten Schlussfolgerungen. So lässt sich der eigentliche Personalabbau zwar rasch durchführen, die Konsequenzen daraus werden aber nur Schritt für Schritt verarbeitet. Darüber hinaus erlaubt das Phasenmodell von Kübler-Ross die Darstellung der psychologischen Wirkung einer Personalreduktion. Berner (1999) verwendet das Modell zur Beschreibung der Trauerphasen nach einem unfreiwilligen Verlust des Arbeitsplatzes.

Viele Menschen empfinden die Tätigkeit in einer Firma und die Arbeitskollegen als bedeutsame Bestandteile ihrer persönlichen Identität. So wird die Firma nach einiger Zeit als symbolische «Familie» wahrgenommen. Die Konsequenz daraus: Wird die «Familie» getrennt, entstehen Verlustgefühle und eine Folge von Trauerreaktionen. Auch die Survivor fühlen sich verletzt, wenn ihre Kollegen durch einen Personalabbau aus der «Familie» herausgerissen werden.

Wer seine Stelle verliert, hat mehr oder weniger plötzlich auf ein zentrales Bezugsobjekt in seinem Leben zu verzichten. Ein solcher Verlust muss anerkannt und betrauert werden, bevor die Heilung einsetzen kann. Allerdings kennt die Gesellschaft für diese Trauer – im Gegensatz zu jener beim Tod von nahestehenden Personen – keine institutionalisierten Rituale.

Tab. 12: Trauerphasen der Opfer von Personalabbau
(Quelle: Berner, 1999, S. 104)

Phase	Gedanken von Opfern des Personalabbaus
1. Phase: Schock	«Das kann mir nicht passieren.»
2. Phase: Wut	«Das ist nicht gerecht.» «Ich bin wütend über jene, die bleiben können.»
3. Phase: Verhandlung	«Ich bin besser als einige, die bleiben können.» «Behaltet mich!»
4. Phase: Depression	«Ich fühle mich traurig und pessimistisch.» «Ich bin es nicht wert, bleiben zu können.»
5. Phase: Akzeptanz	«Ich werde aus dem System herausgeschnitten.» «Ich kann den Verlust meiner Stelle nicht verhindern.»

Betrachtet man unsere empirischen Daten zu den Ursachen für eine innere Kündigung auf der Unternehmensebene aus der Sicht der Befragten, so finden wir einen Großteil der besprochenen Gesichtspunkte wieder, die für eine Misstrauenskultur charakteristisch sind. Die anschließende Tabelle 13 gibt unsere Befunde in absteigender Folge der Wichtigkeit wieder.

- Keine Vorbildfunktion der Geschäftsleitung und der leitenden Führungskräfte;
- starre, bürokratische Organisations- und Führungsstrukturen;
- autoritäres Führungsverständnis der Geschäftsleitung;
- nichtoptimale Arbeits- und Ablaufprozesse;
- unzureichende Möglichkeiten, eigene Ideen zu entwickeln und umzusetzen;

Tab. 13:   Nennungen zu Auslösern der inneren Kündigung auf der Ebene des Gesamtunternehmens

Rangfolge der Nennungen		Gesamt-stichprobe N = 651
1.	Keine Vorbildfunktion der Geschäftsleitung und der leitenden Führungskräfte	70,0 %
2.	Starre, bürokratische Organisations- und Führungsstrukturen	66,4 %
3.	Autoritäres Führungsverständnis der Geschäftsleitung	65,9 %
4.	Nicht optimale Arbeits- und Ablaufprozesse	65,8 %
5.	Unzureichende Möglichkeiten, eigene Ideen zu entwickeln und umzusetzen	65,3 %
6.	Unbefriedigende Arbeitsbedingungen (z. B. Arbeitsplatz)	62,0 %
7.	Unfähigkeit der Unternehmensleitung, dem Mitarbeiter die Sinnhaftigkeit seines Handelns zu vermitteln	58,3 %
8.	Gegenseitiges Misstrauen innerhalb der Belegschaft	55,2 %
9.	Unfähigkeit der Unternehmensleitung, Visionen zu entwickeln und zu vermitteln	54,9 %

* unbefriedigende Arbeitsbedingungen;
* Unfähigkeit der Unternehmensleitung, dem Mitarbeiter die Sinnhaftigkeit seines Handelns zu vermitteln;
* gegenseitiges Misstrauen innerhalb der Belegschaft;
* Unfähigkeit der Unternehmensleitung, Visionen zu entwickeln und zu vermitteln.

Das Trauer-Modell von Kübler-Ross

Das Trauer-Modell von Kübler-Ross (1969), das aus der Sterbebegleitung entstand, findet zunehmend Anwendung bei der Erklärung von Verlusterlebnissen, etwa dem Ende einer Beziehung oder dem unfreiwilligen Verlust des Arbeitsplatzes. Werden die einzelnen Phasen durchlaufen, also der Weg des angemessenen Trauerns durchschritten, bleiben die Betroffenen seelisch und körperlich einigermaßen stabil. Fehlendes Trauern ist sehr häufig ein Auslöser für Depressionen.

Berufliche Identität bedeutet für viele Menschen auch persönliche Identität. Der Verlust des Arbeitsplatzes und damit auch der Kollegen, des Status, der Möglichkeiten der beruflichen Weiterentwicklung und des betrieblichen Aufstiegs führen auch zu einem Verlust an persönlicher Identität. Um die eigene Identität wahren zu können, ist es für den Einzelnen sinnvoll, den Verlust des Arbeitsplatzes zu betrauern. In Anlehnung an das Modell von Kübler-Ross ergeben sich im organisationalen Kontext folgende Phasen:

1. **Phase:** Die Nachricht löst einen Schock und in der Folge Verleugnung aus.
2. **Phase:** Es stellen sich intensive Gefühle wie Wut und Zorn ein, wenn der Schock einigermaßen überwunden ist. Diese starken Emotionen helfen, den Schock zu verarbeiten.
3. **Phase:** Hier versuchen die Betroffenen zu «verhandeln», um ihr Schicksal zu wenden. Versprechen, dies oder jenes nicht mehr zu tun oder begangene Fehler wieder gutzumachen, werden abgegeben.
4. **Phase:** Der Betroffene beginnt, sich ins Unabänderliche zu fügen. Als Reaktion können Depressionen auftreten.
5. **Phase:** Schließlich akzeptieren die meisten das nicht zu ändernde Faktum.

Lösung: Keine Wunden schlagen
oder: Vom richtigen Umgang mit Personalabbau

> Abgeredet vor der Zeit
> Gibt nachher keinen Streit.
> *(Sprichwort)*

Sollte aus Gründen der Rationalisierung ein Personalabbau notwendig werden, entscheidet die betriebliche Vorgehensweise darüber, ob die nach einer solchen Maßnahme Verbleibenden in die innere Emigration gehen oder nicht (Berner, 1999, 143 ff.). Eine frühzeitige Information der Belegschaft über die geplanten Vorhaben steht dabei an erster Stelle, um Gerüchten und diffusen Ängsten vorzubeugen. Noer stellt einen vierstufigen, pyramidenartigen Prozess des Umgangs mit den im Unternehmen Verbleibenden vor, der von Stufe zu Stufe umfassender wird (1993, zit. n. Berner, 1999). Seine Vorschläge sind genereller Art und bauen auch nicht aufeinander auf; vielmehr können Stufen ausgelassen oder in anderer Abfolge getätigt werden. Damit erhält dieses Modell den Charakter eines «Wegweisers» zur Vermeidung der inneren Kündigung nach einem Personalabbau.

Stufe 1: Grundsätze zum Management eines Personalabbaus
Hierunter fallen die Grundsätze für die Planung der Personalfreisetzung, die Umsetzung und deren Erfolgskontrolle.

Stufe 2: Konkrete kurzfristige Maßnahmen für Verbleibende
Diese Stufe umfasst Hilfen zur Verarbeitung des Personalabbaus und zum Lösen blockierter Emotionen. Im Mittelpunkt der Aktivitäten stehen Workshops für Verbleibende und Trainings für Führungskräfte zum Umgang mit den verbliebenen Mitarbeitern.

Stufe 3: Bruch mit der Abhängigkeit von der Organisation
Ziel der Aktivitäten auf dieser Stufe ist die Veränderung des psychologischen Vertrags der Verbliebenen mit der Absicht, Abhängigkeiten zu verändern und eine neue Partnerschaft zu begründen. Es geht darum, Arbeit nicht mehr als alleinigen Lebensinhalt zu begreifen, den Personalabbau zu akzeptieren und eigene Lebensziele zu definieren, um zu einer verbesserten Selbststeuerung zu kommen.

Stufe 4: Die Gestaltung des neuen Vertrages
Neben einem neuen Arbeitsvertrag, der Enttäuschungen und Frustrationen vermeiden helfen soll und die Aufgabe, die

Dauer der Anstellung usw. fixiert, geht es auf dieser Stufe um die Formung eines neuen psychologischen Vertrages. Dieser führt weg:

- von langfristiger Bindung an das Unternehmen zu zeitlich begrenzter Tätigkeit;
- von Motivation durch Beförderung zu Initiative durch die bestehende Arbeit;
- von Anweisungen zu mehr Selbstregulation;
- von langfristiger Bindung an das Unternehmen als Beweis von Loyalität zu guter Arbeit beim aktuellen Arbeitgeber.

Kern der Interventionsmaßnahmen ist ein sorgfältig ausgearbeiteter und auf die neuen Ziele der Organisation ausgerichteter *Plan zum Personalabbau*, der durch eine umfassende, *intensive Kommunikation* vermittelt wird. Ihr Ziel ist eine frühzeitige, unzweideutige und ehrliche Information der Mitarbeiter, die Loyalität, Involvement und Commitment erhalten bzw. verbessern soll.

Führungsfehler und ihre Folgen

> Am auffälligsten unterscheiden sich
> die Leute darin, dass die Törichten immer
> wieder dieselben Fehler machen, die
> Gescheiten immer wieder neue.
> *(Karl Heinrich Waggerl)*

Sehr oft klaffen Führungshandeln und dessen Wahrnehmung durch das berufliche Umfeld auseinander. Obwohl das Wissen um den Einfluss des Führungsstils auf die Leistung und die Arbeitszufriedenheit mittlerweile zum Allgemeingut gehört, werden selbst grundlegende Führungsprinzipien in der Praxis missachtet. Mitarbeiter werden nicht an Entscheidungen, die sie direkt betreffen, beteiligt, Informationen nicht weitergegeben und keine Mitarbeitergespräche geführt. Die

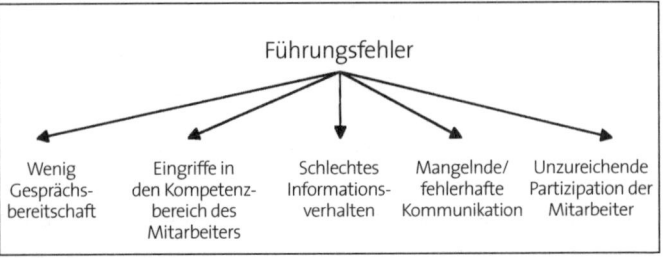

**Abb. 7: Die häufigsten Führungsfehler
(aus: Brinkmann, Vorgesetzten-Feedback, 1998, S. 23)**

Folgen sind Ärger und eine allgemeine Unzufriedenheit der Geführten bis hin zu Stresssymptomen. Die Palette an Führungsfehlern ist groß. Die häufigsten Fehlverhaltensweisen von Führungskräften sind in Abbildung 7 aufgeführt.

1. Von der Untugend der mangelnden Gesprächsbereitschaft

> Die Leute wünschen nicht,
> dass man zu ihnen redet.
> Sie wünschen, dass man
> mit ihnen redet.
> *(Emil Oesch)*

Die wesentlichen Aufgaben einer Führungskraft werden erfüllt, wenn sie den unmittelbaren Kontakt zum Mitarbeiter sucht. Führungstechniken müssen das «Nadelöhr» der Information und Kommunikation finden, um ihre Wirkung zu entfalten. Das Instrument des Gesprächs mit Mitarbeitern fördert die Zusammenarbeit und sichert den Führungserfolg. Die meisten Führungskräfte wissen um die Wichtigkeit des Mitarbeitergesprächs, dennoch greifen sie immer häufiger auf technische Hilfsmittel wie Telefon, Fax, elektronische Post, Computernetze oder Voice-mail-Systeme zurück. Das Mitarbeitergespräch ist jedoch die effektivste Form, um Anerkennung für geleistete Arbeit auszusprechen. Regelmäßige Mitarbeitergespräche wirken sich direkt auf die Zufriedenheit des Mitarbeiters aus und verstärken die Motivation.

Höhn schreibt hierzu: «Sinkende Arbeitsfreude, fehlendes Engagement, mangelnde Einsatzbereitschaft bis hin zur völligen Interesselosigkeit und Dienst nach Vorschrift im Sinne der inneren Kündigung sind die Folge, wenn der Vorgesetzte immer wieder seinen Mitarbeiten die verdiente Anerkennung verweigert» (Höhn, 1989). Die Einstellung zum Gespräch mit dem Mitarbeiter zeigt sich bei Führungskräften oft darin, dass – solange es «läuft» – ein Gespräch als nicht notwendig angesehen wird. Aber auch ein überkommenes Rollenverständnis sorgt für Distanz zwischen Führungskräften und Mitarbeitern, indem hierarchische Positionen immer wieder betont werden. Kommt es dann zum Mitarbeitergespräch – anlassbezogen oder aber auch im Rahmen «verordneter» und regelmäßiger Gespräche über das Jahr –, so führen Unkenntnis oder Unsicherheit im Führen eines erfolgreichen Mitarbeitergesprächs seitens des Vorgesetzten eher zu einem unbefriedigenden Resultat. Gespräche werden dann in «rigider und herablassender oder herabsetzender Weise geführt» (Krystek et al., 1995, S. 83), was die Wahrscheinlichkeit für eine Leistungsrücknahme steigen lässt.

2. Der Polypengriff oder: Wie Führungskräfte in den Kompetenzbereich des Mitarbeiters eingreifen

Zu den typischen Führungsfehlern gehören unzulässige Eingriffe des Vorgesetzten in den Verantwortungsbereich des Mitarbeiters. Dieses Durchregieren einzelner Führungskräfte wird im Verwaltungsjargon als «Polypengriff» des Vorgesetzten bezeichnet. Damit ist das unmittelbare Eingreifen in den Kompetenzbereich des Mitarbeiters gemeint, um generelle oder spezifische Weisungen zu erteilen. «Behördenleiter, die ständig durchregieren und damit den Wirkungsbereich ihrer

Mitarbeiter missachten, sind sich gewöhnlich nicht bewusst, dass dieses Verfahren mit dem schleichenden, nicht wieder gutzumachenden Substanzverlust der betroffenen Zwischenvorgesetzten verbunden ist und zu einer wachsenden Verärgerung führt, die vielfach in Resignation endet. Das Gefühl, einer unberechenbaren Willkür von oben ausgesetzt zu sein, lähmt die Aktivität des Mitarbeiters und ist einer der häufigsten Gründe für die innere Kündigung» (Höhn, 1989). Zum Themenkomplex «Durchregieren» wird auch die so genannte Selbstinformation des Vorgesetzten gezählt. Führungskräfte besorgen sich auf formellen und informellen Wegen Informationen und übergehen dabei den direkt unterstellten Mitarbeiter. Die Betroffenen empfinden dies als Missachtung ihrer Person, was das Klima zwischen Führungskraft und Mitarbeiter negativ beeinflusst.

Fallbeispiel: Der Kredit

Wolfgang P., Firmenkundenberater einer Sparkasse in Süddeutschland, wurde beim Besuch des Mittelständlers Adler, der ein großes Möbelhaus auf der grünen Wiese besaß, auf einen neuen Kredit angesprochen, den Adler für einen Erweiterungsbau seines Lagers benötigte. Der Kredit war als Ergänzung des vorhandenen Kapitals gedacht und sollte 250 000 € betragen. Herr P. besprach das Vorhaben mit dem Unternehmer umfassend, beurteilte es aus betriebswirtschaftlicher Sicht als vernünftig und machte ihm direkt ein Angebot.

Herr Adler war ein schwieriger Verhandlungspartner, der alle Möglichkeiten ausreizte und zäh feilschte. Nicht anders als alle seine Kollegen hatte jedoch auch Wolfgang P. nur einen begrenzten Spielraum bei den Zinskonditionen. Dies war von der Geschäftsleitung so gewollt, und Übertretungen der Beraterkompetenzen wurden von den Marktfolgebereichen in der Nachbereitung der Kredite sofort bemerkt und korrigiert. Den Beratern oblag es dann, «zurückzurudern», sie mussten das Geschäft «platzen lassen» und verloren eventuell einen wertvollen Kunden. Das war nicht nur schlecht für die eigene Reputation,

sondern auch für das Image der Bank. Zudem wurde bei wieder-
holten Übertretungen des Konditionsrahmens der Vorstand informiert, der wiederum über den Bereichsleiter Druck auf den
betroffenen Berater ausübte. Insofern war Herr P. bestrebt, die
Regeln der Bank einzuhalten. Nachdem Herr Adler jedoch in der
Verhandlung weiter auf einem günstigeren Zinssatz bestand,
versuchte Herr P., für die Situation der Bank und deren einge-
schränkte Möglichkeiten Verständnis bei seinem Kunden zu
wecken. Adler zeigte sich davon nicht beeindruckt und meinte,
dass es sicherlich auch andere Wege gebe. Sie trennten sich
freundlich, wenngleich beide in der Sache hart geblieben waren,
mit dem Versprechen in weiterem geschäftlichen Kontakt zu
bleiben.

Am nächsten Tag klingelte das Telefon des Firmenkundenbera-
ters in der Bank. Am anderen Ende der Leitung meldete sich der
Unternehmer Adler, der in bester Stimmung Herrn P. mitteilte,
dass er noch gestern mit dessen Chef, dem Leiter der Firmenkun-
denabteilung, telefoniert und ihm seine Situation und die un-
nachgiebige Haltung von P. geschildert habe. Der Bereichsleiter,
so Adler, sei allerdings zugänglicher gewesen als P. und habe ihm
einen um 0,5 % niedrigeren Zinssatz eingeräumt. Bevor sich Adler
am Telefon verabschiedete, sagte er zu P.: «Übrigens wird Ihnen
Ihr Chef die Unterlagen zum Gegenzeichnen im Laufe des Tages
zukommen lassen. Sie sehen, wenn man nur will, geht's doch.
Schönen Tag, Herr P.»

Wolfgang P. legte, verärgert über die Häme von Adler, den
Hörer auf. Dass der Unternehmer Adler alles versuchte, um seinen
Kredit so günstig wie möglich zu bekommen, konnte er verstehen, aber dass sein Vorgesetzter ihm in den Rücken fiel und damit
in seinen Kompetenzbereich eingriff, ärgerte in maßlos. Konnte er
ihn nicht wenigstens direkt informieren, musste das auch noch
sein Kunde tun? Er fühlte sich wie ein «dummer Junge» behandelt. Besonders bitter war, dass es nicht zum ersten Mal geschah.
Wie stand er nun vor dem Unternehmer Adler da? Er stellte sich
bereits dessen Grinsen vor, mit dem er ihn beim nächsten Besuch
begrüßen würde. Um sich künftig vor solchen kompromittieren-

Machtmissbrauch

Alfred Adler (1870–1937), der Begründer der Individualpsychologie, erkannte bereits vor über 80 Jahren, dass sich Macht besonders zur Kompensation bzw. Überkompensation von Minderwertigkeitsgefühlen eignet. Die Versuche, das Gefühl der «Minderwertigkeit» auszugleichen (zu kompensieren), führt zum Bedürfnis nach Überlegenheit gegenüber anderen. Und je größer das Gefühl des «Nicht-Wert-Seins» und der Unterlegenheit, desto stärker der Drang, andere zu «übertrumpfen». Verschiedenste Formen werden dazu gewählt wie Besserwisserei oder «moralische Überlegenheit». Indem andere unter Zwang intellektuell, moralisch oder in einer anderen Weise erniedrigt werden, erhöht sich der «neurotische» Chef selbst. Dies kann dazu führen, dass Führungskräfte das zur Verfügung stehende Machtinstrumentarium böswillig einsetzen. So über- oder unterfordern sie Mitarbeiter bewusst, weisen ihnen Tätigkeiten zu, die weit unter oder über deren Qualifikation liegen oder beschneiden deren Kompetenzen. Mitarbeiter werden aber auch systematisch gedemütigt, indem ihnen Arbeiten zugewiesen werden, von denen alle wissen, dass sie «für den Papierkorb» sind. Meist handelt es sich um Statistiken, die keiner braucht, oder bereits geprüfte Rechnungen, die auf ihre «Richtigkeit» hin kontrolliert werden sollen. Die Leidtragenden sollen ihre Ohnmacht und die Allmacht des Chefs erfahren. Dies führt bei den meisten Betroffenen zu Selbstwertproblemen oder Misserfolgserlebnissen und in der Folge zu innerer Kündigung.

Der Individualpsychologe Fritz Künkel (1889–1956) unterschied danach, ob Macht «sachbezogen» oder «ichhaft» eingesetzt wird. «Ichhaft» wird Macht eingesetzt, wenn es die Absicht der Führungskraft ist, gegen die Gemeinschaft zu handeln, etwa dann, wenn sie Macht dazu nutzt, sich über andere zu stellen oder andere klein zu machen. Dagegen wird Macht «sachbezogen» eingesetzt, wenn eine gemeinschaftsfördernde Absicht hinter dem Handeln der Führungskraft steht. Das Entwertende einer «ichhaften» Machtausübung führt meist zum Abwandern derjenigen, die eine Möglichkeit dazu sehen. Andere, die sich in der Rolle des Opfers wiederfinden und ihre Situation nicht verändern können, leiden oder ziehen bewusst die Konsequenz der inneren Kündigung. Diejenigen hingegen, die sich mit dem Täter, sprich dem Macht missbrauchenden Vorgesetzten, «identifizieren», machen sich zum Mittäter und stützen das System des willkürlichen «Herrschers».

den Situationen zu schützen, entschloss sich P., in Zukunft nicht nur die Vorschriften einzuhalten, sondern Entscheidungen bei «schwierigen Kunden» von seinem Chef treffen zu lassen und seinen Kopf nicht mehr für die Bank hinzuhalten. Die Gefahr, vom Chef und den Kollegen zum entscheidungsschwachen Rückdelegierer gestempelt zu werden, war ihm relativ egal, da er sich solchen peinlichen Situationen nicht mehr aussetzen wollte.

3. Unzureichendes Informationsverhalten von Vorgesetzten

> Menschen, denen man die Information entzieht, macht man damit unfähig, sich selbst zu helfen.
> *(Dieter Hildebrandt)*

Das Informieren von Mitarbeitern ist eine klassische Führungsaufgabe. Es soll das Wissen vermitteln, das diese benötigen, um die vereinbarten Ziele zu erreichen. Informieren im Zusammenhang mit kooperativer Führung benötigt mehr Zeit, da es die Bemühung des Vorgesetzten erfordert, ein umfassendes Verständnis für die gegenseitigen Belange zu erzeugen. Geringe Informationsweitergabe findet sich zumeist dort, wo ein überholter autoritärer Führungsstil praktiziert wird. Hier liegt es im Ermessensspielraum der Führungskraft, ob und wie viel sie an Informationen weitergibt. Höhn schreibt dazu: «Die Klagen der Mitarbeiter über unzureichende, verspätete oder völlig ausbleibende Information von oben lassen erkennen, dass das Informationsbewusstsein der Vorgesetzten vielfach unterentwickelt ist, d. h., die Mitarbeiter werden in der Regel von ihrem Vorgesetzten viel zu wenig informiert» (Höhn, 1989, S. 98). Typische Fehler von Führungskräften im Hinblick auf ihr Informationsverhalten sind:

◆ Zurückhalten von Information, um die eigene Position zu stärken;

◆ Informieren der Mitarbeiter nach Sympathie und Antipathie;

◆ Umdefinieren der Informationspflicht des Vorgesetzten in eine Holschuld des Mitarbeiters.

Unzureichende Information seitens des Vorgesetzten wird oft vom Mitarbeiter als Geringschätzung seiner Person interpretiert und als eine grobe Verletzung des Vertrauensverhältnisses aufgefasst.

4. Mangelnde oder fehlerhafte Kommunikation

Nicht nur die zu gering ausgeprägte Gesprächsbereitschaft – der Vorgesetzte sucht das Gespräch gar nicht erst – ist in vielen Unternehmen ein Problem. Selbst wenn die Kontakte regelmäßig sind, ist das gelingende Gespräch zwischen Führungskraft und Mitarbeiter eher die Ausnahme. Nicht gerade selten sind Gesprächsklippen, die den Gesprächserfolg gefährden und durch die Führungskraft aufgebaut werden. Hierzu zählen beispielsweise ein umständliches Drumherum-Reden und eine mangelnde positive Gesprächshaltung gegenüber dem Mitarbeiter, wodurch die Gesprächsatmosphäre negativ beeinflusst wird. Schließlich gehören auch die so genannten «Killerphrasen» dazu, die – bewusst oder unbewusst eingesetzt – ein Gespräch verhindern, da sie den Gesprächspartner verletzen. Eine missbräuchliche und demotivierende Gesprächsführung, die dem Mitarbeiter die Bereitschaft nimmt, sich offen zu äußern, liegt dann vor, wenn Vorgesetzte Besprechungen nutzen, um Mitarbeiter vor Dritten zu kritisieren oder bloßzustellen. Aber auch das Unterbinden von Diskussionsbeiträgen in Besprechungen, die positive oder negative Bewertung von Äußerungen, das Blockieren von Beiträgen durch Monologe zählen dazu. Hier verschwimmen die Grenzen zum so genannten Bossing, der bewusst initiierten, durch den Vorgesetzten betriebenen Form des Mobbing. Speziell beim Äußern von Kritik gehen Führungskräfte kommunikationspsychologisch häufig ungeschickt vor. Liegt keine Böswilligkeit vor, so ist es mangelnde Kenntnis der Gesprächsführung oder Gedankenlosigkeit, die zu folgenden Hauptfehlern führen:

+ Kritik verbindet der Vorgesetzte mit verletzenden Werturteilen;
+ ironische Bemerkungen begleiten seine kritischen Äußerungen;
+ Kritik wird vor Dritten geäußert;
+ die Kollegen des kritisierten Mitarbeiters werden «aus gegebenem Anlass» informiert;
+ der Vorgesetzte kritisiert den Mitarbeiter vor anderen in dessen Abwesenheit;
+ trotz langjähriger einwandfreier Arbeit wird harsche Kritik am Mitarbeiter geübt;
+ der Vorgesetzte kommt bei jeder passenden und unpassenden Gelegenheit auf den «Fehler» des Mitarbeiters zurück;
+ er kritisiert den Mitarbeiter, ohne diesem die Chance zu geben, sich dazu zu äußern (vgl. Höhn, 1989, S. 90 ff.).

5. Unzureichende Partizipation – wenn Mitarbeiter nicht mitreden dürfen

Partizipation oder Teilhabe der Mitarbeiter ist ein wesentliches Prinzip des kooperativen Führungsstils. Dieser lässt sich wie folgt kennzeichnen:

+ Die Trennung von Entscheidung, Ausführung und Kontrolle wird gemildert;
+ das Prinzip der Delegation verlagert die Entscheidungen auf diejenige betriebliche Ebene, welche die größte fachliche Kompetenz besitzt (Partizipation);
+ Selbstkontrolle der Mitarbeiter löst die Fremdkontrolle ab;
+ der Vorgesetzte stellt in Mitarbeiterbesprechungen mit seinen Mitarbeitern interpersonale Kontakte her;

+ der Mitarbeiter hat gegenüber seiner Führungskraft Kontrollrechte (vgl. Rahn, 1996).

Damit ein kooperativer Führungsstil praktiziert werden kann, sind auch Bedingungen an den Mitarbeiter zu stellen. Die folgenden Voraussetzungen muss der Mitarbeiter mitbringen:

+ Wille zur Verantwortung;
+ Fähigkeit, Verantwortung zu tragen;
+ Bereitschaft, sich selbst zu kontrollieren;
+ Mut, die Kontrollrechte einzufordern.

Aus Führungssicht ist die Umsetzung von Partizipation relativ einfach. Sie besteht vor allem darin, Aufgaben und Entscheidungskompetenzen zu delegieren und Selbstkontrolle durch Fremdkontrolle zu ersetzen. Während die Delegation dem einzelnen Mitarbeiter mehr Einfluss durch sein selbständiges Handeln bringt, geht die Partizipation über die Einzelaufgabe hinaus. Eine stärkere Teilhabe kann beispielsweise im Rahmen von Problemlösungen stattfinden. Partizipation an Entscheidungsprozessen hat eine besonders positive Wirkung auf die Motivation der Geführten. Sie erfahren hierdurch eine Wertschätzung ihrer Person und identifizieren sich mit den Entscheidungen, an denen sie teilhaben konnten. Da es immer wieder Situationen für Führungskräfte gibt, bei denen sie von dem zunächst eingeholten Rat der Mitarbeiter abweichen müssen, wird ein kooperativ Führender seine veränderte Entscheidung den betroffenen Mitarbeitern erklären und dementsprechend transparent machen. Geschieht dies nicht, kann die ursprünglich vorhandene Bereitschaft, die Entscheidung mitzutragen, in Demotivation umschlagen. Um Mitarbeiter partizipieren zu lassen, bedarf es bei Führungskräften einer entsprechenden Einstellung. Wer von seinen Mitarbeitern wenig hält, wird sie auch nicht in Entscheidungsprozesse einbeziehen. Auch unsichere Vorgesetzte vermeiden die Beteiligung ihrer Mitarbeiter an Entscheidungen.

Das Gegenteil von Partizipation praktizieren Führungs-

Tab. 14: Im Führungsverhalten begründete Ursachen für eine innere Kündigung

Rangfolge der Nennungen		Gesamt-stichprobe N = 651
1.	Entscheidungen des Vorgesetzten werden über den Kopf des Mitarbeiters getroffen.	88,0 %
2.	Unzureichende Information des Mitarbeiters durch den Vorgesetzten.	80,9 %
3.	Mangelnde Bereitschaft des Vorgesetzten zu einer offenen und sachlichen Diskussion.	80,6 %
4.	Unfähigkeit des Vorgesetzten, Konflikte in der Arbeitsgruppe konstruktiv zu lösen.	62,4 %
5.	Informationen werden als Machtmittel eingesetzt.	61,3 %
6.	Destruktive Kritik des Vorgesetzten ohne Aufzeigen von Lösungen oder Möglichkeiten der Veränderung.	60,1 %
7.	Entscheidungen werden vom Vorgesetzten entgegen den getroffenen Absprachen gefällt.	59,1 %
8.	Erfolg schreibt sich der Vorgesetzte selbst zu, für Misserfolge sind die Mitarbeiter verantwortlich.	58,0 %
9.	Der Vorgesetzte hält Informationen gezielt zurück.	56,7 %
10.	Unsachliche Kritik, die als persönlich verletzend und herabsetzend empfunden wird.	56,5 %
11.	Der Vorgesetzte verteilt Anerkennung und Kritik willkürlich.	52,9 %

kräfte, die ein hohes Maß an Kontrolle zeigen. Demotivierende Kontrollen der Mitarbeiter werden als gravierende Führungsfehler empfunden, die in die innere Kündigung führen können. Dies trifft auch auf das Zurücknehmen von Aufgaben und Kompetenzen im Rahmen der Delegation durch den Vorgesetzten zu.

Aus der Sicht der Befragten fanden wir in unserer Studie

die folgende Reihung potenzieller Führungsfehler, die eine innere Kündigung befördern können:

* Der Vorgesetzte entscheidet über den Kopf des Mitarbeiters hinweg;
* er informiert den Mitarbeiter unzureichend;
* dem Vorgesetzten mangelt es an Bereitschaft zu einer offenen und sachlichen Diskussion mit dem Mitarbeiter;
* er ist unfähig, Konflikte in der Arbeitsgruppe konstruktiv zu lösen;
* Informationen werden vom Vorgesetzten als Machtmittel eingesetzt;
* seine Kritik ist destruktiv;
* entgegen der Absprache mit dem Mitarbeiter fällt die Führungskraft Entscheidungen;
* dem Mitarbeiter werden Informationen vorenthalten;
* er wird durch den Vorgesetzten unsachlich und verletzend kritisiert;
* die Führungskraft verteilt willkürlich Lob und Tadel.

Diese empirisch gewonnenen Resultate ergeben eine starke Stützung der Annahmen der einschlägigen Literatur zu den Führungsfehlern und deren Bedeutung für die Entstehung der inneren Kündigung.

Fallbeispiel: Der neue Führungsstil

Helene F. war Arbeitsvermittlerin in der Arbeitsagentur einer Kleinstadt. Sie übte ihre Tätigkeit seit neun Jahren mit Freude aus. Direkt nach dem BWL-Studium kam sie wegen Problemen bei der Arbeitssuche mit dem Arbeitsamt in Kontakt. Daraus entwickelte sich das Angebot seitens des Amtes, als Arbeitsvermittlerin tätig zu werden. Bis vor einem Jahr hatte sie mit ihrem direkten Vorgesetzten keinerlei Schwierigkeiten und genoss den ihr zur Verfügung stehenden Handlungs- und Entscheidungsspielraum. Dies änderte sich, als eine neue Führungskraft die Abteilung übernahm. Die neue Abteilungsleiterin von Frau F., die von einer anderen Arbeitsagentur kam, hatte in vielerlei Hinsicht unterschiedliche Vorstellungen von der Art und Weise, wie Helene F. ihre Arbeit zu tun habe.

Schriftstücke, insbesondere neue Briefvordrucke, die Frau F. erarbeitete, versah sie regelmäßig am Rand mit roten Notizen, strich manchmal ganze Absätze oder formulierte diese neu. Ihre Korrekturen betrafen weniger den Inhalt als den Schreibstil von Helene F. Während Frau F. versuchte, etwas «Wärme» in ihre Schreiben zu bringen, bestand ihre Chefin auf einem distanzierten Behördenstil. Versuche der Arbeitsvermittlerin, ihre über Jahre gesammelten positiven Erfahrungen mit diesem Briefstil in die Waagschale zu werfen, wischte sie mit der Bemerkung vom Tisch, dass sie in einer Behörde und nicht bei der Heilsarmee arbeite.

Der ehemalige Vorgesetzte hatte Frau F. immer alle Informationen zur Verfügung gestellt, die er selbst erhielt, solange sie nicht seine eigene Tätigkeit betrafen oder vertraulich waren. Er ließ Frau F. entscheiden, was davon sie als wichtig und als für ihre Tätigkeit interessant empfand. Da sie sehr initiativ war und auch andere Wege in der Vermittlung ihrer Kunden zu gehen versuchte, waren möglichst viele Informationen das A und O für ihren Erfolg. Sie nutzte viele dieser Informationen ganz gezielt, um potenzielle Arbeitgeber ausfindig zu machen und zu kontaktieren. Auf diesem Weg hatte sie bereits etliche Stellen, die die betreffenden Firmen der Agentur gar nicht als vakant gemeldet hätten, mit qualifizierten Arbeitssuchenden aus ihren Dateien besetzt. Mit dem Wechsel an der Spitze der Abteilung reduzierte sich der Strom der Informationen sehr deutlich. Bei einem Gespräch, zu dem sie von ihrer Vorgesetzten telefonisch zitiert worden war, sprach Frau F. ihre Chefin darauf an. Diese antwortete, dass ihr die Entscheidung darüber obliege, welche der ihr zur Verfügung stehenden Informationen für die Tätigkeit von Helene F. wichtig wären. In diesem Zusammenhang setzte sie Frau F. davon in Kenntnis, dass sie künftig auch die Gesprächsrunde bei der zuständigen IHK wahrnehmen werde, was sie im Übrigen bereits mit dem dort zuständigen Referatsleiter abgesprochen habe. Sie hoffe, Frau F. habe nichts dagegen. Die Chance, dem zu widersprechen oder dagegen zu argumentieren, gab ihr die Vorgesetzte nicht, denn mit einem «Sie können jetzt wieder an Ihre Arbeit gehen!» brach sie das Gespräch abrupt ab. Helene F. war enttäuscht und zornig, da dieser Gesprächskreis bei der IHK auf ihre Initiative hin gegründet worden war und sie über Jahre gute Kontakte zu den daran teilnehmenden Firmen und Institutionen aufgebaut hatte.

Für Helene F. war damit «das Fass übergelaufen». Obwohl sie ein schlechtes Gewissen ihren Kunden gegenüber hatte, denen sie sich verpflichtet fühlte und deren Schicksale sie nicht unberührt ließen, beschloss sie, ihr Engagement drastisch zu reduzieren, um sich weitere Frustrationen zu ersparen.

Die narzisstische Führungspersönlichkeit

Narzisstische Führungskräfte überbewerten die eigene Person und stehen in einer starken Abhängigkeit von der Bewunderung durch ihre Umwelt. Ein extrem ausgeprägter Selbstbezug und eine starke Selbstzentriertheit kennzeichnen ihre Beziehungen zu anderen Menschen. Weitere Merkmale ihrer Persönlichkeit sind Neid und oberflächliche Emotionalität. Sie beuten zwischenmenschliche Beziehungen aus und werten Partner ab. Zum wichtigsten Erkennungsmerkmal des Narzissten gehört die permanente Selbstbespiegelung.

Die Gründe für Misserfolge bzw. für eigenes Versagen schreiben narzisstische Führungskräfte häufig ihren Mitarbeitern zu. Ihre Feinde, die unnachgiebig verfolgt werden, sind alle, die sie nicht bewundern. Zu Macht- und Statusdemonstrationen greifen sie bei jeder sich bietenden Gelegenheit. Sie sind Leiter der «größten Abteilung», stellen das «meistverkaufte Produkt» her oder haben die «besten Abschlusszahlen». Eine Führungsposition streben sie nicht der Aufgabe wegen an, sondern in erster Linie, um sich den Wunsch nach Prestige und Macht zu erfüllen. Sind diese narzisstischen Cheftypen von bewundernden und Beifall klatschenden Mitarbeitern umgeben, fühlen sie sich am wohlsten (Neuberger & Kompa, 1987).

Als Auslöser wird eine Art Urmisstrauen aus der Frühphase der Entwicklung angenommen, das ursächlich im Verhalten der Mutter zu suchen ist, welche die kindlichen Bedürfnisse nicht wahrgenommen oder angemessen befriedigt hat. Diese Störung der Mutter-Kind-Beziehung führt letztendlich zum lebenslangen Streben des Narzissten nach Wichtigkeit und Größe.

Checkliste 2: Sensibilisierung von Führungskräften

Wenn Sie, verehrter Leser, selbst Führungsverantwortung tragen, wird der nachfolgende Test für Sie interessant sein. Mit ihm können Sie feststellen, welchen Anteil Sie u. U. an der Entstehung von innerer Kündigung bei Ihren Mitarbeitern haben.

Beantworten Sie bitte die nachfolgenden Fragen:

	JA	NEIN
1. Sind die Prinzipien, nach denen Sie führen, Ihren Mitarbeitern bekannt?		
2. Sagen Sie nur Dinge zu, die Sie später auch tatsächlich einhalten können?		
3. Erklären Sie es Ihren Mitarbeitern, wenn Sie Vereinbarungen nicht einhalten können?		
4. Erhält jeder Ihrer Mitarbeiter die gleiche Aufmerksamkeit von Ihnen?		
5. Delegieren Sie nicht nur Aufgaben, sondern auch Verantwortung und Entscheidungskompetenz an Mitarbeiter?		
6. Bevorzugen Sie bestimmte Mitarbeiter, beispielsweise bei der Delegation von Aufgaben?		
7. Gehen Sie mit Ihren Mitarbeitern so um, dass sie das Gefühl haben, gleich behandelt zu werden?		
8. Sind Sie offen für Verbesserungsvorschläge und setzen Sie sie auch um, wenn sie Sinn Hergeben?		
9. Ist Ihr Umgang mit den Mitarbeitern durch Offenheit und Ehrlichkeit gekennzeichnet?		

	JA	NEIN
10. Stehen Sie zu eigenen Fehlern, Fehlentscheidungen und falschem Verhalten, wenn es von Mitarbeitern angesprochen wird?		
11. Sind die Aufgaben, Zuständigkeiten und Verantwortlichkeiten Ihrer Mitarbeiter in Ihrem Verantwortungsbereich klar geregelt?		
12. Sind die Leistungsmaßstäbe, nach denen Sie Mitarbeiter beurteilen, allen gleichermaßen bekannt?		
13. Fordern Sie gleiche Leistung von allen?		
14. Kritisieren Sie mangelnde Mitarbeiterleistungen nach den gleichen Bewertungskriterien?		
15. Geben Sie Informationen gleichberechtigt an alle Mitarbeiter weiter?		
16. Haben Sie ein objektives Verfahren, nach dem Sie Ihre Mitarbeiter für Fort- und Weiterbildung aussuchen?		
17. Interessiert Sie bei Fehlern, die gemacht werden, eher, wer dafür verantwortlich ist oder ob sich aus diesem Vorfall lernen lässt?		
18. Lassen Sie Ihren Mitarbeitern Spielraum bei Entscheidungen?		
19. Geben Sie Ihren Mitarbeitern insgesamt Handlungsspielraum, oder gehen Sie auf «Nummer sicher» und kontrollieren Sie die meisten Handlungen?		
20. Werden Entscheidungen Ihrer Mitarbeiter von Ihnen nur dann korrigiert, wenn dies absolut notwendig ist?		
21. Geben Sie regelmäßig auch außerhalb institutionalisierter Mitarbeitergespräche jedem Mitarbeiter Rückmeldung über dessen Leistungen?		

	JA	NEIN
22. Kritisieren Sie auch schlechte Arbeitsergebnisse Ihrer Mitarbeiter unmittelbar und konstruktiv?		
23. Führen Sie mindestens einmal im Jahr ein Gespräch mit Ihren Mitarbeitern, bei dem Sie über Leistungen, Motive und Entwicklungsperspektiven mit ihnen sprechen?		
24. Stellen Sie sich bei Kritik an Ihren Mitarbeitern zunächst vor sie, um anschließend den Sachverhalt gemeinsam zu klären?		
25. Verstehen Sie Personalentwicklung auch als eine Führungsaufgabe?		
26. Geben Sie Mitarbeitern, die sich weiter entwickeln oder im Unternehmen aufsteigen möchten, Unterstützung?		
27. Haben Sie auch für persönliche Schwierigkeiten Ihrer Mitarbeiter ein offenes Ohr, und helfen Sie Ihnen bei deren Überwindung?		
28. Handeln Sie konsequent, wenn sich Mitarbeiter nicht an die vereinbarten «Spielregeln» halten?		
29. Machen Sie Feste, Ausflüge usw., um die Gemeinschaft zu fördern?		
30. Sorgen Sie in Ihrem Team für ein «Wir-Gefühl» unter Ihren Mitarbeitern?		

Auswertung der Checkliste 2:
Wenn die «Ja»-Antworten in dieser Auswertung überwiegen, sind Sie als Führungskraft auf dem richtigen Weg. Konnten Sie alle Fragen bejahen, ist die Wahrscheinlichkeit, dass von Ihnen geführte Mitarbeiter innerlich kündigen, eher gering.

Jede «**Nein**»-Antwort sollte Sie als Führungskraft für den Fragenkomplex sensibilisieren. Dort besteht die Gefahr, dass Sie durch Ihr Verhalten Mitarbeiter demotivieren und erste

Ansatzpunkte für die innere Kündung schaffen. Aber: «Gefahr erkannt, Gefahr gebannt!» Sie haben immer die Chance, Ihr Führungsverhalten zu verändern bzw. zu optimieren. Arbeiten Sie gezielt und konsequent an der Veränderung Ihres Führungsverhaltens. Beziehen Sie dabei die Erwartungen und Wünsche der Ihnen anvertrauten Mitarbeiter mit ein. Lassen Sie sich zusätzlich Rückmeldung zu Ihrem Führungsverhalten durch die Mitarbeiter geben, um noch besser an Ihren «blinden Flecken» zu arbeiten.

Lösung: Ansatzpunkt Führungskräfte

1. Die blinden Flecken der Führungskräfte aufdecken

> Wer wirklich Autorität hat,
> wird sich nicht scheuen,
> Fehler zuzugeben.
> *(Bertrand Russell)*

Ein erfolgreicher Weg zur Veränderung von Führungsverhalten ist das systematische Feedback für Vorgesetzte. Es hat im Wesentlichen drei Funktionen: eine *Analyse- und Diagnosefunktion*, eine *Interventions- oder Entwicklungsfunktion* sowie eine *Präventionsfunktion*. Alle Funktionen beziehen sich aus systemischer Sicht auf die Ebenen *Person, Situation und Organisation.*

Systematisches Feedback beinhaltet die Bewertung individuellen Führungsverhaltens, worauf auch der Fokus der meisten Beurteilungsverfahren für Führungskräfte liegt. Rückmeldungen zum Führungsverhalten dienen vor allem dem Abgleich von erlebtem Führungshandeln an einem Führungsideal. Die Fremdeinstufung des Führungsverhaltens ermöglicht es Personalverantwortlichen, sensibel für das eigene Führungshandeln zu werden, um es gegebenenfalls zu ändern. Damit ist ein Führungskräfte-Feedback zum einen eine Analyse der Wahrnehmung des Führungsverhaltens durch die Mitarbeiter, zum

anderen eine Diagnose, indem das wahrgenommene Ist-Ver-
halten einem Ideal von Führung gegenübergestellt wird, wie es
etwa in *Führungsgrundsätzen* oder *Funktionsanforderungs-
profilen* beschrieben ist.

**Beispiel für Führungsgrundsätze, abgeleitet aus dem Unternehmens-
leitbild eines Kreditinstitutes**

**Eine Führungskraft unseres Institutes soll sich künftig durch folgende
Eigenschaften auszeichnen:**
- Ausgeprägtes persönliches Engagement;
- Wille zum Führen;
- Bereitschaft zur persönlichen Veränderung;
- Bereichsübergreifendes Denken und Handeln;
- Überzeugte Identifikation mit den Zielen der Bank;
- Konsequenter Einsatz von Führungsinstrumenten;
- Teamorientierung;
- Offene Information, intensive Kommunikation und konstruktiver
  Umgang mit Konflikten;
- Glaubwürdigkeit;
- Verantwortungsbereitschaft;
- Qualitätsbewusstsein;
- Betriebswirtschaftliches Denken und Handeln;

**Ein Beispiel hierzu: Eine Führungskraft der Bank XY *ist veränderungsbe-
reit*; das heißt: Die Führungskraft ...**
- stemmt sich neuen Ideen nicht entgegen, sondern macht den
  Weg für Veränderungen frei.
- regt an, über Verbesserungen nachzudenken.
- gibt Mitarbeitern Hilfestellung bei Veränderungen.
- begreift Änderungen als Chancen und vermittelt dies auch anderen.
- gibt den Mitarbeitern im Veränderungsprozess Sicherheit und
  Halt.
- ist Neuerungen gegenüber generell aufgeschlossen.
- klebt nicht am Bisherigen (Arbeitsstil, Arbeitsort, Aufgabenge-
  biet).
- hilft, Anlaufschwierigkeiten bei Veränderungen zu überwinden.
- tut ihr Möglichstes, um Veränderungen zum Erfolg zu führen.
- reagiert flexibel auf geänderte Anforderungen
  usw.

Diagnose heißt in diesem Zusammenhang Erkennen, Benennen, Zuordnen und Erklären von Führungsverhaltensweisen. Je nach Resultat der Diagnose ergibt sich ein Profil der Stärken und Schwächen des Vorgesetztenverhaltens, zum Beispiel hinsichtlich

* des partizipativen Verhaltens,
* der Mitarbeitermotivation,
* der Konfliktbewältigung usw.

Das entsprechende Profil bietet der Führungskraft die Chance, sich eigene Ziele für Einstellungs- und Verhaltensänderungen in Abstimmung mit den rückmeldenden Mitarbeitern zu formulieren. Maßnahmen für diese Zielfunktionen können sein:

1. Personalentwicklung

* auf personaler Ebene (etwa Führungsseminar, Methoden der Selbstorganisation),
* auf Teamebene (etwa Teamentwicklung).

2. Organisationsentwicklung

* Optimierung von Arbeitsabläufen,
* Fortschreibung von Stellenbeschreibungen und Anforderungsprofilen,
* Abgrenzung von Kompetenzbereichen,
* Neuzuordnung von Aufgabengebieten,
* Verlagerung von Zuständigkeiten und Verantwortung auf Teams oder einzelne Teammitglieder (Partizipation durch Empowerment),
* Neudefinition der Rollen von Mitarbeitern als gleichberechtigte Partner («Mit-Verantwortliche»).

3. Selektion

* Leistungsbewertung,
* Potentialeinschätzung,
* Gehaltsfindung.

Die Rückmeldung erlebten Führungshandelns verlangt immer den anschließenden Dialog, der eine Einstellungs- bzw. Verhaltensänderung in der Regel erst richtig befördert.

Ein Stufenmodell für die «Reaktivierung»

Der Aufwand, sich um Mitarbeiter zu kümmern, die innerlich gekündigt haben, lohnt sich immer! Schließlich sind es Kollegen und Kolleginnen, die früher gute Leistungen erbracht haben und deren Reaktivierung allen Betroffenen Nutzen bringt: dem Unternehmen, dem Mitarbeiter und der Führungskraft selbst. Natürlich ist es nicht einfach, eine innere Kündigung richtig zu «diagnostizieren». Gleichwohl lohnt sich der Einsatz auch dann, wenn «nur» eine «Motivationskrise» oder erste Anzeichen für den Verlust von Arbeitsfreude beim Mitarbeiter erkennbar sind. Es darf nicht vergessen werden, wie viel Arbeit es gekostet hat, den Mitarbeiter in seine Tätigkeit einzuarbeiten, ihn aus- und fortzubilden und ihn zu einem produktiven Organisationsmitglied zu machen. Die Führungskraft sollte daher nicht den Fehler begehen und ihrerseits dem Mitarbeiter «kündigen», indem sie ihn links liegen lässt, als Kandidaten für den nächsten Personalabbau vormerkt oder im schlimmsten Fall gleich entlässt.

1. Stufe:
Bereiten Sie sich auf ein Gespräch mit dem betroffenen
Mitarbeiter vor!
Analysieren Sie ohne Vorurteil das Verhalten des Mitarbeiters. Lassen Sie seinen Werdegang vor Ihrem geistigen Auge Revue passieren. Erstellen Sie ein Stärken-Schwächen-Profil des Mitarbeiters. Rekapitulieren Sie vergangene Situationen aus seiner Tätigkeit, aus denen Sie Verhaltensstichproben generieren können, die Ihnen beim Gespräch hilfreich sind. Die Schilderung dieser Situationen unterstützt Sie dabei, dem Mitarbeiter den Unterschied seines früheren Verhaltens zum heutigen Verhalten an Beispielen zu verdeutlichen. Dies sind Wahrnehmungen, denen Sie Vermutungen im Gespräch folgen lassen können, um so in ein konstruktives Gespräch mit dem Mitarbeiter zu kommen.

2. Stufe:
Führen Sie ein klärendes Gespräch mit dem Mitarbeiter!
Sprechen Sie mit dem betroffenen Mitarbeiter über Ihre Wahrnehmungen und seine aktuelle berufliche Situation. Machen Sie ihm bewusst, was ein reduziertes Engagement für ihn, die Firma und die Kollegen und Kolleginnen bedeutet. Stellen Sie Ihre Erwartungen dar und sprechen Sie über konkrete Ziele. Machen Sie klar, dass das «Dahindiensten» des Mitarbeiters Sie nicht zufrieden stellt. Betonen Sie, dass Ihnen das bloße Erledigen der Pflichtaufgaben nicht genug ist. Artikulieren Sie Ihren Wunsch nach mehr Engagement des Mitarbeiters. Stellen Sie sich jedoch nicht mit Ausreden, wie mangelnde Zeit, zufrieden. Bieten Sie Unterstützung an. Weshalb der Mitarbeiter sein Engagement zurückgenommen hat, sollten Sie unbedingt in diesem Gespräch eruieren. Dabei sollten Sie auch selbstkritisch nach Ihrem Verhalten fragen, um festzustellen, welchen Anteil Sie daran haben. Prüfen Sie, ob Kollegen und Kolleginnen, Arbeitsabläufe oder Unternehmenskulturelemente Mitverursacher sind. Vergessen Sie dabei nicht den Privatbereich des Mitarbeiters, der auf sein Arbeitsengagement ausstrahlen kann.

3. Stufe:
Vereinbaren Sie konkrete Verhaltens- und Leistungsziele!
Fixieren Sie gemeinsam mit dem Mitarbeiter Ihre Erwartungen und die formulierten Ziele. Tun Sie dies möglichst konkret, überprüfbar und so, dass das erwartete Verhalten transparent wird. Sprechen Sie darüber, wie es nach diesem Gespräch weitergeht. Schreiben Sie in die Zielvereinbarung auch, welche Unterstützung Sie anbieten und was Sie zur Reaktivierung des Mitarbeiters beitragen wollen. Die Verbindlichkeit für beide Seiten erhöhen Sie, indem Sie einen Zeitplan formulieren und «Meilensteine» festlegen, an denen Sie gemeinsam überprüfen, ob sich das Engagement des Mitarbeiters verändert hat. Vereinbaren Sie am besten gleich das nächste Gespräch als erste dieser «Controllingmaßnahmen».

Bedenken Sie bitte auch, dass Sie wahrnehmbare Veränderungen beim Mitarbeiter diesem auch unverzüglich rückmelden sollten, um das neue «alte» Verhalten zu verstärken. Belohnen Sie es, z. B. durch mehr Handlungsspielraum, Arbeitsanreicherung oder mehr Verantwortung, wenn Sie glauben, dass der Mitarbeiter dies wünscht.

4. Stufe:
Seien Sie konsequent!
Erkennen Sie im vereinbarten Zeitrahmen beim Mitarbeiter keine wirkliche Veränderung in seiner Einstellung und seinem Verhalten, allenfalls «kosmetische» Maßnahmen, um den Schein zu wahren, müssen Sie konsequent handeln. Machen Sie den Mitarbeiter darauf aufmerksam, dass Sie keine wirklichen Bemühungen zu einer Veränderung bei ihm erkennen können, und klären Sie ihn über die Folgen auf, wenn keine ernsten Veränderungen eintreten. Mögliche Konsequenzen können eine Versetzung, eine andere Tätigkeit oder eine arbeitsrechtliche Maßnahme, die Abmahnung, sein. Dabei sollten Sie keine leeren Drohungen ausstoßen, sondern Ihren Worten auch Taten folgen lassen, wenn die Vereinbarungen nicht eingehalten werden.

2. Eine hilfreiche Technik: die Kraftfeldanalyse

Kraftfeldanalysen werden dazu genutzt, förderliche und hinderliche Kräfte im Handlungsfeld von Personen, Gruppen oder Organisationen zu erkennen. Im Fall der inneren Kündigung ist es wichtig, dass die Führungskraft gemeinsam mit dem betroffenen Mitarbeiter diese «Kräfte» herausarbeitet. Insbesondere gilt es, Einflussfaktoren zu isolieren, die die innere Kündigung verstärken, und solche, die eine innere Kündigung abbauen helfen.

Das gemeinsame Erarbeiten der Kraftfeldanalyse dient Führungskraft und Mitarbeiter dazu, sich klar darüber zu werden, welche Einflussfaktoren als «Kraftfeld» wirken. Diese «Kräfte» werden am besten auf einem Blatt gegenübergestellt, indem sie «Kraftquellen» zugeordnet werden. «Kraftquellen» sind: die Führungskraft selbst, der innerlich gekündigte Mitarbeiter oder andere Personen, Gruppen, die Organisation, Strukturen usw.

Die Kraftfeldanalyse arbeitet nach dem Prinzip «Gefahr erkannt, Gefahr gebannt». Positive Einflüsse können verstärkt, negative abgeschwächt oder sogar neutralisiert werden. Bei der inneren Kündigung spielt dieser Aspekt eine besondere Rolle, etwa wenn neue Arbeits-, Lebens- oder Berufsziele erarbeitet werden sollen.

Kraftquellen	Kräfte, die die innere Kündigung verstärken	Kräfte, die «reaktivieren» könnten
in mir als Vorgesetztem		
im Mitarbeiter		
in anderen Personen		
in Gruppen		
in der Organisation		
in Beziehungen		
in Machtverhältnissen		
Sonstiges		

Wenn die Arbeitsgruppe zum Auslöser für eine innere Kündigung wird

> Der Teamgeist ist heut' hoch gefragt,
> weil man im Team sich leichter plagt;
> doch die Gemeinschaft hält nicht lang',
> wenn man nicht zieht an einem Strang.
> *(Oskar Stock)*

Die innere Kündigung eines Mitarbeiters wirkt sich auf die Zusammenarbeit mit den Kollegen sowohl auf der Aufgaben-

als auch der Beziehungsebene aus. Der Kreis der Kollegen kann aber auch Urheber für eine innere Kündigung sein. Konflikte mit Kollegen, Schikanen Einzelner oder des gesamten Teams können in den inneren Rückzug führen. Als besonders schwerwiegend ist das Mobbing durch die Arbeitskollegen zu bewerten. Mobbing ist eine über Monate regelmäßig stattfindende, systematische und absichtsvolle Schikane auf der Ebene der Arbeitskollegen (oder auch durch Vorgesetzte). Aus sozialpsychologischer Sicht sind Mobbingzustände in einer Arbeitsgruppe als «normale menschliche Erscheinungen» anzusehen; bedingt durch Gruppendynamik und Gruppennorm treten sie sozusagen zwangsläufig auf (vgl. Leymann, 1993, S. 35). Eine Arbeitsgruppe ist weder zufällig noch freiwillig entstanden, sie ist vielmehr geplant worden. Sie soll Produktions-, Verwaltungs- oder andere Funktionen in einem Betrieb oder einer öffentlichen Verwaltung übernehmen. Die folgenden arbeitsorganisationalen Gegebenheiten begünstigen mithin das Entstehen von Mobbing:

- Arbeitsgruppen müssen koordiniert handeln;
- einzelne Mitarbeiter sind in ihrer Arbeitsausführung von der Tätigkeit anderer abhängig;
- finanzielle Mittel sind knapp;
- Vorschriften und Regeln beeinflussen das Gruppenverhalten.

Aufgrund der Arbeitsteilung in modernen Betrieben entsteht von anderen abhängiges Handeln. Die Arbeitsteilung ist umso stärker, je ausgeprägter der Anteil der Routine- und Repetitivarbeiten ist (etwa Fließbandarbeit). Zudem bilden Arbeitsgruppen, die koordiniert handeln müssen, Gruppennormen aus, die sich als «ungeschriebene Gesetze» in den Köpfen der Mitglieder festsetzen. Wer zu wenig oder zu viel arbeitet, wird an die «Norm» erinnert; zunächst höflich, dann durch sanften Druck, der sich bei mangelnder «Einsicht» bis zum Mobbing steigern kann. Mobbing stellt das Ergebnis eines Eskalationsprozesses dar, der auf ungelöste Konflikte oder unzureichende Konfliktbewältigung zurückzuführen ist. Allgemeine Gründe für Konflikte am Arbeitsplatz sind teilweise identisch mit den für die innere Kündigung angeführten Auslösern auf Unternehmensebene (s. unsere Ergebnisse in Tab. 15). Folgende Bedingungen sind konfliktfördernd:

* Wettbewerbsfördernde Beförderungssysteme;
* Arbeitsteilung;
* starre Organisationsstrukturen;
* knappe Mittel;
* mangelnde Führungsfähigkeiten von Vorgesetzten;
* Abhängigkeiten von anderen;
* eine unbefriedigende Kommunikationssituation;
* unzureichende Konfliktlösefähigkeit;
* Über- und Unterforderung am Arbeitsplatz.

Tab. 15:   Nennungen zu Auslösern der inneren Kündigung in der Arbeitsgruppe

Rangfolge der Nennungen		Gesamt-stichprobe $N = 651$
1.	Unkollegiales Verhalten der anderen Gruppenmitglieder	64,6 %
2.	Ungelöste und schwelende Konflikte innerhalb der Arbeitsgruppe	63,1 %
3.	Schlechte Organisation der Arbeit in der Arbeitsgruppe und damit ungerechte Arbeitsverteilung	57,9 %
4.	Fehlende fachliche Anerkennung innerhalb der Arbeitsgruppe	50,8 %

Fallbeispiel: Die neue Arbeitsstelle

Paul L., Stukkateur, wurde mit 48 Jahren arbeitslos, nachdem sein Arbeitgeber wegen der schlechten Konjunktur Insolvenz anmelden musste. Die Hoffnung, sein ehemaliger Chef werde einen

Weg finden, eine neue Firma zu gründen, zerschlug sich nach einem halben Jahr Arbeitslosigkeit. Herr L. ging mit Hilfe der Arbeitsagentur auf die Suche nach einem neuen Arbeitgeber. Schließlich fand er nach zwei Jahren des Hoffens, der Enttäuschungen und der Resignation durch den Hinweis eines Bekannten ein Unternehmen, das sich auf die ganzheitliche Renovierung alter Villen spezialisiert hatte. Obwohl Paul L. in seinem früheren Betrieb als Polier tätig gewesen war, hatte ihn der neue Arbeitgeber als einfachen Mitarbeiter eingestellt. Herr L. hatte damit auch keine Schwierigkeiten, viel wichtiger war es ihm, wieder in seinem angestammten Beruf arbeiten zu können.

Der «Chef» der Stukkateur-Truppe war ein 36-jähriger Berufskollege, der bereits seit neun Jahren in der Firma tätig war. Insgesamt waren sie zu sechst und für alle Stuckarbeiten, den Innen- und Außenputz sowie den Trockenbau zuständig. Paul L. empfand besondere Freude an seinem Beruf, wenn er alten Stuck ausbessern oder erneuern konnte. Diese Arbeiten hatte er immer nach allen Regeln seines Handwerks ausgeführt, vom Erstellen der Schablonen bis hin zu einzelnen Ausmalungen. Er hatte große Erfahrung mit der Herstellung von Gesimsen, Rosetten und Säulen. Seine früheren Kollegen sagten ihm Fingerspitzengefühl und künstlerisches Geschick sowie einen Sinn für Formen und Farben nach. Auf fertige Stuckteile zurückzugreifen war ihm immer dann ein Gräuel, wenn er erkannte, dass die noch vorhandene Substanz durch Ergänzungen oder Ausbesserungen zu erhalten war. Natürlich musste man sich auch den Wünschen der Besitzer oder des Architekten beugen, aber dort, wo er früher alleine entscheiden konnte, war er immer für das Restaurieren gewesen.

Das neue Team, in dem er Aufnahme fand, war eine nach Aussage des Bauunternehmers «hochprofessionelle Truppe», die nach genauen zeitlichen Vorgaben ihre Aufgaben bewältigte. Es zeigte sich, dass Paul L. der «älteste Kollege» in der Gruppe war. Das jüngste Mitglied war ein siebzehnjähriger Auszubildender. Paul L. ging mit großem Engagement an seine neue Tätigkeit heran, merkte aber rasch, dass das Team aufgrund der Zeitrestriktionen nicht immer die Qualität produzierte, die seinen persön-

lichen Standards entsprach. Herr L. machte bei allen sich erge-
benden Gelegenheiten, z. B. bei den gemeinsamen Pausen, den
Kollegen Vorschläge, wie sie die Qualität ihrer Arbeit verbessern
und die Arbeitsabläufe optimieren könnten. Manches davon fanden die Kollegen nicht schlecht, insbesondere der junge Auszubildende erhoffte sich, vom erfahrenen Kollegen noch einiges lernen
zu können. Paul L. nutzte daher auch jede Gelegenheit, um dem
Auszubildenden anspruchsvollere Arbeiten nahezubringen. Auch
seinem Vorgesetzten machte er hier und dort Verbesserungsvor-
schläge, die dieser sich anfangs noch anhörte, mit der Zeit aber
mit dem Kommentar abtat: «Lass mich bloß mit dem Gequatsche
in Ruhe, klotz lieber ran!»

In der Folge traten innerhalb des Teams immer häufiger Spannungen auf. Paul L. hatte das Gefühl, dass sein Chef ihm immer
häufiger die Arbeiten machen ließ, die keiner so gerne durchführ-
te. Zudem zeigte sich, dass die Kollegen oft besser über Details
von Aufträgen informiert waren als er, was dazu führte, dass er
sich mehrfach wie ein «Anfänger» vorkam, wenn aufgrund fehlender Informationen etwas schief lief. Der Auszubildende, zu
dem sich ein Vertrauensverhältnis entwickelt hatte, berichtete
ihm dann und wann, was sich die Kollegen über ihn erzählten.
Man hatte ihm nicht nur den Spitznahmen «Gips-Michelangelo»
verpasst, sondern es gab auch Absprachen unter den Kollegen,
Paul L. durch mehr und unattraktive Arbeit seinen «Qualitätsfim-
mel» auszutreiben.

Da Herr L. nur das Beste für den Betrieb und seinen Stand wollte, war er vom Verhalten seiner Kollegen tief enttäuscht. Eine
Kündigung kam für ihn jedoch nicht in Frage, da ihm die schreckli-
che Zeit der Arbeitslosigkeit noch sehr präsent war. So entschloss
er sich sieben Monate nach dem Antritt seiner neuen Tätigkeit
dazu, dem Druck des Teams nachzugeben und sich auf das «Funk-
tionieren» zu beschränken, den Mund zu halten und das zu machen, was man ihm anwies. Für die Zukunft nahm er sich vor,
Missstände und Qualitätsprobleme bewusst auszublenden,
schließlich war es ja nicht seine Firma.

Exkurs: Mobbing und innere Kündigung

In der Folge von als kränkend und ungerecht empfundenen Erfahrungen können aktiv innerlich gekündigte Mitarbeiter das Bedürfnis entwickeln, es der Firma, dem Vorgesetzten oder den Kollegen «heimzahlen» zu wollen. Die aufgrund von Frustrationen bewusste Leistungsverweigerung kann sich im «Dienst nach Vorschrift» oder in schädigendem Verhalten äußern. Mitunter können sich «Rachegelüste» bis zum bewussten Mobbing des beruflichen Umfeldes entwickeln. Für Verhaltensweisen von Mitarbeitern, die sich als schädlich für die Organisation erweisen, hat sich der Begriff des kontraproduktiven Verhaltens etabliert (vgl. Moser, 2002).

Anderseits können Mitarbeiter Opfer von Mobbing werden, da ihnen durch den Vorgesetzten «innerlich gekündigt» wurde und dieser den ungeliebten Mitarbeiter gerne loswerden möchte, dies auf legalem Wege jedoch nicht möglich ist.

Schließlich kann ein Mitarbeiter Mobbing-Opfer werden, weil Kollegen mit seiner Einstellung nicht einverstanden sind oder seine Leistungsrücknahme nicht akzeptieren (Brinkmann, 2002).

Zum Begriff

Der aus dem Englischen stammende Begriff «Mobbing» bedeutet so viel wie anpöbeln, schikanieren oder über jemanden herfallen. Inhaltlich beschreibt er negative kommunikative Handlungen einer oder mehrerer Personen gegen ein Individuum. Der Tatbestand des Mobbings ist jedoch erst erfüllt, wenn die gegen die Person gerichteten Handlungen

* absichtsvoll,
* mindestens einmal wöchentlich und
* über wenigstens ein halbes Jahr andauern (Leymann, 1993).

Von Mobbing kann also nur gesprochen werden, wenn Attacken auf die Person über einen langen Zeitraum hinweg systematisch erfolgen, im Sinne eines zermürbenden Handlungsablaufs. Insgesamt wurden 45 verschiedene Mobbing-Handlungen unterschieden und in fünf Kategorien zusammengefasst (Leymann, 1993):

◆ Angriffe auf die Möglichkeit, sich mitzuteilen;
◆ Angriffe auf die sozialen Beziehungen;
◆ Angriffe auf das soziale Ansehen;
◆ Angriffe auf die Qualität der Berufs- und Lebenssituation und
◆ Angriffe auf die Gesundheit.

Der aktiv innerlich Gekündigte als Täter

Zuschlag versteht innere Kündigung als eine Form von Mobbing seitens des Arbeitnehmers. Vor allem durch das «Dienst-nach-Vorschrift-Verhalten» werden der Arbeitgeber bzw. der Vorgesetzte und die Arbeitskollegen gemobbt. Diese Art des Mobbings resultiere aus dem Ärger des Betroffenen über die unbefriedigende Arbeitssituation und diene im Sinne einer «Retourkutsche» der Ärgerbewältigung (Zuschlag, 1994, S. 135). Damit beschreibt er die aktive innere Kündigung, die durch «Rachegedanken» und Wiederherstellung von «Gerechtigkeit» gekennzeichnet ist. Mobbing durch innerlich Gekündigte liegt vor, wenn

◆ morgens der «Dienst» pünktlich angetreten und abends keine Minute länger gearbeitet wird, als vertraglich festgelegt ist, ohne dabei die betrieblichen Bedürfnisse zu berücksichtigen;
◆ nur Arbeiten ausgeführt werden, die vertragsgemäß übernommen werden müssen, und alle anderen Arbeiten abgelehnt werden, auch wenn dies vorübergehend im Interesse des Unternehmens oder der Kollegen wäre;

- das Arbeitstempo an den eigenen Bedürfnissen und nicht an den Anforderungen der Arbeit ausgerichtet wird;
- unangenehme Arbeiten an Kollegen abgegeben werden;
- Überstunden zu Lasten der anderen Mitarbeiter abgelehnt werden;
- Arbeitspausen bewusst zu Lasten der Kollegen über die genehmigte Zeit ausgedehnt und sich zusätzliche Pausen «genehmigt» werden;
- Aufträge grundsätzlich auf ihre sachliche Richtigkeit hin hinterfragt werden, um nicht durch Arbeiten belastet zu werden;
- für alle Aufträge eine schriftliche Beauftragung verlangt wird;
- alle für die Arbeitserledigung des Vorgesetzten oder der Kollegen wichtigen Informationen zurückgehalten werden, um deren Arbeit zu erschweren und einen Informationsvorsprung zu behalten;
- auch bei kleinen Unpässlichkeiten gleich länger «krankgefeiert» wird;
- strittige Fragen, den Arbeitsplatz betreffend, über den Rechtsanwalt geklärt werden
  (vgl. Zuschlag, 1994, S. 134 ff.).

Je größer der Schaden für das Unternehmen und je belastender das Verhalten für die Kollegen, desto wirksamer sei aus Sicht des aktiv innerlich Gekündigten seine Mobbing-Aktion (Zuschlag, 1994, S. 134). Obgleich die Gleichsetzung von aktiver innerer Kündigung und Mobbing unserer Ansicht nach lediglich auf Teilaspekte zutrifft, haben die Verhaltensweisen von aktiv Gekündigten natürlich interessante Parallelen zu Mobbing-Handlungen, wie sie von Leymann definiert worden sind.

Der Mitarbeiter in der inneren Kündigung als Mobbing-Opfer

Mobbing oder Bossing stellen die unfeinen Methoden und eigentlich hilflosen Reaktionen der Arbeitgeberseite bzw. einzelner Führungskräfte dar, den innerlich gekündigten Mitarbeiter loszuwerden.

Für die Schikane durch den Vorgesetzten, unter Berücksichtigung der erwähnten Kriterien, hat sich der Begriff des «Bossing» etabliert. Böswilligkeiten von Führungskräften wiegen häufig schwerer als die von Mitarbeitern, da sie dafür das ihnen zur Verfügung stehende Machtinstrumentarium einsetzen können. Sie missbrauchen dann ihre Machtposition gezielt. Klassische Schikanen durch Führungskräfte sind:

◆ *Über- oder Unterforderung von Mitarbeitern*: Mitarbeitern werden Arbeiten zugewiesen, die weit unter oder über ihrer Qualifikation liegen, was zwangsläufig zu Selbstwertproblemen und Misserfolgen bei den Betroffenen führt;
◆ *Degradierungen und Entmündigungen* im Sinne von Kompetenzbeschneidungen, offensichtlichen Kontrollen (z. B. Genehmigung von Fotokopien) oder Überantwortung sinnloser Tätigkeiten, etwa das Erstellen von Statistiken, die niemand benötigt.

Schwachpunkte des Mitarbeiters werden gnadenlos ausgenutzt, um das Opfer zu erniedrigen und so ein «Gehen» des Betroffenen zu provozieren.

Mobbing durch Kollegen

Wie bereits erwähnt, können Kollegen Auslöser für eine innere Kündigung sein, indem Sie durch Schikanen, die unterschiedlichste Ursachen haben können, den Betroffenen in die innere Kündigung treiben. Durch das Rückzugsverhalten schützt sich der Mitarbeiter oder antwortet durch «Dienst nach Vorschrift» gleichsam mit «Gegen-Mobbing».

Andererseits kann auch eine innere Kündigung und die damit einhergehende Leistungsrücknahme zu Mobbing führen. In diesem Fall ist der innerlich Gekündigte Beteiligter an der Mobbing-Situation. Die Kriminologie (hier speziell die Viktimologie) sowie die Psychologie legen überzeugend dar, dass bestimmte Verhaltenseigenarten bzw. Attitüden ein Opfer erst zum Opfer machen (Kaiser et al., 1985). Ein viktimologischer Anreiz, den ein Mobbing-Opfer aussendet, ist etwa ein Leistungsproblem, insbesondere eine geringe Leistungsbereitschaft. Gerade Leistungsprobleme der Opfer werden von Mobbern verstärkt zur Rechtfertigung ihres Tuns herangezogen, da die Ursachen als in der Person liegend angesehen werden und Schikanen damit als «selbstverschuldet» gelten.

Mobbing-Opfer betonen gerne ihre Opferrolle sowie ihre Wehr- und Machtlosigkeit und unterstellen dem Täter durchgängig Bösartigkeit (vgl. Walter, 1993). Sie sehen sich außer Stande, zur Konfliktbewältigung beizutragen und resignieren vor jedem derartigen Versuch. Neuberger erklärt dies wie folgt: Wer sich in einer ausweglosen, nicht veränderbaren Situation befindet, sich seine unzureichenden Handlungsmöglichkeiten jedoch nicht eingesteht, kann sein Selbstwertgefühl dadurch aufrechterhalten, dass er sich einredet und auch daran glaubt, Opfer von Mobbing-Attacken zu sein. Mittels dieser Protesthaltung wird den vermeintlichen Gegnern permanent ihre scheinbare Ungerechtigkeit vor Augen geführt (Neuberger, 1994, S. 30).

Welche Ursachen für eine innere Kündigung finden sich in der Persönlichkeit des Mitarbeiters und im privaten Umfeld?

> Die Welt in ihrer lebendigen Wirklichkeit ist das Reich der menschlichen Persönlichkeit und nicht des Verstandes, der, mag er noch so nützlich und groß sein, doch nicht der Mensch selbst ist.
>
> *(Rabindranath Tagore)*

In der Literatur werden mehrere Ursachen für die innere Kündigung genannt, die in der Persönlichkeit der Betroffenen verankert sind. Diese Dispositionen, die der inneren Kündigung förderlich sind, sind vor allem

- Ängstlichkeit,
- Depressivität,
- mangelnde Selbstachtung,
- Neigung zu Irritationen,
- Unsicherheit,
- Übererregbarkeit,
- geringes Durchsetzungsvermögen.

Aber auch der extreme Wunsch nach Beachtung, Wertschätzung, Zuwendung, Erfolg oder Anerkennung, bedingt durch ein labiles Selbstwertgefühl, fördert die Entwicklung der inneren Kündigung. Ausschlaggebender Mechanismus hierfür ist die Unfähigkeit Einzelner, sich selbst zu belohnen bzw. zu bestätigen. Bei einem Scheitern oder bei mangelnder Zielerreichung kommt es als Folge der Frustrationen mit hoher Wahrscheinlichkeit zu einer starken Selbstabwertung. Die Konsequenz aus einem solchen chronisch verlaufenden Prozess sind eine zunehmende Entfremdung von der Arbeit und eine emotionale Distanz zur Tätigkeit, gepaart mit Depressionen, Desinteresse, mangelndem Engagement und Unlustgefühlen (Faller, 1991).

Fallbeispiel: Enttäuschte Erwartungen

Nach seiner Ausbildung zum Grund- und Hauptschullehrer hatte Klaus F. mehrere Jahre an einer Hauptschule in einer Großstadt gearbeitet. Hier lernte er die Schattenseite des Berufs kennen: die mangelnde Wertschätzung seiner Tätigkeit durch Schüler und Eltern sowie durch Lehrerkollegen, die an Realschulen und Gymnasien tätig waren. Als sehr ehrgeiziger und zielstrebiger Mensch, dessen Selbstwertgefühl stark durch berufliche Anerkennung beeinflusst war, setzte er sich nach wenigen Jahren ein neues berufliches Ziel. Da er in seiner Jugend ehrenamtlich in der Behindertenarbeit tätig gewesen war und eine gewisse Affinität zu diesem Personenkreis hatte, entschloss er sich, berufsbegleitend ein Zusatzstudium «Sonderpädagogik» zu absolvieren. Sein eher unbewusstes Kalkül war es, mit dieser Ausbildung eine stärkere Wertschätzung seiner pädagogischen Arbeit und damit auch seiner eigenen Person zu bekommen.

Nach seiner erfolgreichen Zusatzausbildung gelang es Herrn F. sehr schnell, eine Stelle als Sonderschullehrer in einem Rehabilitationszentrum in der Nähe seines Wohnortes zu bekommen und lern- und körperbehinderte Jugendliche zu unterrichten. Als Hauptschullehrer hatte er die mäßigen Lernerfolge eines Teils seiner Schüler als sehr frustrierend erlebt und zum Teil sehr persönlich genommen, da er der Ansicht war, die Jugendlichen würden unter ihren Fähigkeiten bleiben. Im Unterschied dazu hatte er es nunmehr mit Schülern zu tun, die trotz intensiver Bemühungen keine oder sehr geringe Fortschritte machten.

Während Klaus F. in den ersten Monaten alle ihm anvertrauten Jugendlichen noch durch die gleiche «Brille» betrachtete, teilte er zum Ende des ersten Jahres an der Schule die Schüler stillschweigend in zwei Kategorien ein: die «guten» und die «schlechten» Behinderten. Er begann diejenigen Schüler und Schülerinnen zu mögen, die Fortschritte machten. Von ihnen bekam er positive Rückmeldungen. Sie entwickelten sich, bauten Wissen auf oder konnten Verhaltenweisen zeigen, die sie vorher nicht beherrschten. Auch Eltern und Kollegen äußerten sich vereinzelt respektvoll zu den Resultaten seiner pädagogischen Bemühungen. Dieses

Feedback passte gut zu seinem Selbstbild, und er musste sich eingestehen, dass es seinem Bedürfnis nach Anerkennung sehr gut tat.

Der größere Teil der von ihm unterrichteten Jugendlichen machte jedoch keine oder nur geringe Fortschritte. Herr F. fing an, diese Jugendlichen innerlich abzulehnen, da sie ihm die eigene Erfolgserfahrung verweigerten. Immer häufiger fühlte er sich von vielen Schülern «enttäuscht». Da sein Selbstwertgefühl sehr stark von äußeren Rückmeldungen abhängig war, litt er zusehends unter den ihm versagten «Streicheleinheiten». Sein Selbstwertgefühl «bröckelte», und er geriet in eine Krise. Von seinem Umfeld unbemerkt reduzierte Herr F. sein berufliches Engagement auf das Notwendigste. Da er seinen «Durst» nach Anerkennung und Wertschätzung in seiner Tätigkeit als Sonderschullehrer nicht stillen konnte, suchte er nach neuen «Selbstwertquellen» im Freizeitbereich. Als guter Saxophonspieler begann er, sich in einer Freizeit-Bigband zu engagieren. In dieser Aktivität erlangte er mehr und mehr außerberufliche Wertschätzung, die ihm in seiner Rolle als Lehrer versagt blieb. Fünf Jahre, nachdem er seinen Dienst als Sonderschullehrer angetreten hatte, galt er im Kollegenkreis als Zyniker, der keine Gelegenheit ausließ, «schlechte» Schüler abzuwerten, zu kränken, bloßzustellen und vor anderen lächerlich zu machen.

1. Unrealistische Erwartungen an den Beruf und die Karriere

> Ein verfehlter Beruf verfolgt
> uns durch das ganze Leben.
> *(Honoré de Balzac)*

Innere Kündigung entwickelt sich besonders häufig bei Menschen mit unrealistischen Erwartungen an ihre berufliche Tätigkeit und ihre Karriere im Betrieb. Vor allem Personen, die rasch befördert wurden und in jungen Jahren einen rasanten Aufstieg in der betrieblichen Hierarchie geschafft haben, schreiben den Erfolg den eigenen Fähigkeiten zu. Günstige Bedingungen, wohlgesinnte Förderer oder schlicht wirtschaftliche oder personalpolitische Notwendigkeiten blenden sie dabei aus. Die Folge ist eine Überschätzung der eigenen Person. Ebenso werden Ausbildungswege oder Fort- und Weiterbildungen fälschlicherweise automatisch als Eintrittskarte in das Karrierekarussell verstanden, während die Unternehmensrealität andere Kriterien für den Aufstieg definiert. Aber auch der Drang nach Perfektion und die Unfähigkeit zu Kompromissen führen sehr häufig zu Enttäuschungen und bilden förderliche Bedingungen für eine innere Kündigung.

2. Mangelnde Lebens- und Karriereplanung

> In einem gewissen Alter wird ein
> Überprüfen der Werte notwendig;
> es bedarf aber einer besonderen
> geistigen Freiheit, um sich vom
> Anerkannten loszumachen.
> *(André Gide)*

Fehlende Überlegungen zu Lebenszielen, aber auch in Bezug auf die berufliche Karriere können Auslöser für eine innere Kündigung sein. Wenn geplant wird, sollten sich die Visionen an der Wirklichkeit und den Möglichkeiten der Person und des Betriebes orientieren. Vorausgesetzt, die Ziele sind realistisch, kann eine entsprechende Planung vor dem Abrutschen in die innere Kündigung schützen. Darüber hinaus können so genannte kritische Phasen im Berufsleben in die innere Kündigung führen, wenn sie nicht erfolgreich bewältigt werden. Diese beruflichen Abschnitte sind durch Konflikte gekennzeichnet, die sowohl psychischer als auch zwischenmenschlicher Art sein können. Betroffene dürfen in solchen kritischen Phasen Konflikten nicht aus dem Weg gehen. Tun sie es dennoch, ist die Wahrscheinlichkeit groß, dass Frustrationen entstehen. Je nachdem, wie der Einzelne mit diesen Enttäuschungen umgeht, kann die Folge auch Resignation und Rückzug im Beruf sein. Mit innerer Kündigung reagieren vor allem Personen, die zu rasch zurückstecken, auf Sicherheit bedacht sind oder eine mangelnde Einsicht in begangene Fehler zeigen bzw. ihre Erwartungen zu hoch gesteckt haben.

Fallbeispiel: Wenn nur die Note zählt!
Nicht Begabung oder die objektiven Berufsaussichten entscheiden häufig über die Wahl von Medizin als Studienfach, sondern Ansehen und sozialer Status. Gerade im Fall von Fächern, bei denen der Zugang durch einen Numerus Clausus (NC) geregelt ist, ist die Gefahr groß, die Entscheidung für das Studium aufgrund der guten Noten zu treffen: «Wenn schon ein Einser-Abitur, dann muss es auch Medizin sein!»

Der Klinikalltag ist jedoch durch Nachtdienst, Überstunden, Stress und wenig Personal gekennzeichnet. Eine 80-Stunden-Woche ist nicht selten und der Weg zum Fachmediziner langwierig. Häufig sind Mediziner erst im Alter von 40 oder 50 ihr eigener Chef in Klinik oder Praxis. An sechs bis sieben Jahre Studium schließen sich fünf bis sechs Jahre Klinikdienst und nicht selten weitere zehn bis fünfzehn Jahre bis zum Abschluss des Facharztes an. Und dies alles geschieht in der Regel in einem überholten, hierarchischen System.

Deshalb sind Aussagen von innerlich gekündigten Medizinern, wie die von Frank, 45 Jahre alt, nicht selten anzutreffen:

«Ich habe Medizin studiert, weil ich nicht wirklich wusste, welchen Beruf ich ergreifen sollte. Da ich sehr gut lernen konnte, d. h. keine Probleme damit hatte, mich auf den Hosenboden zu setzen und zu büffeln, waren meine Noten im Gymnasium sehr gut. Mein Abitur habe ich problemlos mit 1,1 geschafft. Heute weiß ich, dass Medizin kein sehr anspruchsvolles Fach ist. Im Klinikalltag wiederholen sich die meisten Tätigkeiten und stellen Routinen dar. Dies bedeutet, dass viele Aufgaben wiederkehren und eine gewisse Monotonie vorhanden ist. Sich diesen Bedingungen unterzuordnen, fällt einem frei denkenden Geist sehr schwer. Zudem kann der Dienst sehr belastend sein, wenn sie es immer mit

Krankheiten, Leid und Tod zu tun haben. Viele Kolleginnen und Kollegen haben sich daher ein starkes emotionales Korsett zugelegt und ihre hehren Vorstellungen von einem helfenden Beruf ad acta gelegt. Sie reißen ihren Dienst runter, ohne große Illusionen, aber auch ohne innere Anteilnahme und Engagement. Viele desillusionierte Ärzte werden zynisch und haben den Weg in die innere Kündigung angetreten. Wenn Sie mich fragen, ob ich diesen Beruf noch einmal ergreifen würde, sage ich offen: nein. Meine Talente wären in einem anderen naturwissenschaftlichen Beruf besser zum Tragen gekommen.»

Lösung: Was tun bei «Karriere-Endstationen»?

> Wer den Kopf hängen lässt,
> reizt zu weiteren Nackenschlägen.
> *(Gerhard Uhlenbruck)*

Vielen Mitarbeitern wird abverlangt, sich damit abzufinden, dass es im Unternehmen keine weiteren Entwicklungsmöglichkeiten gibt. Dies kann zu Demotivation, Desinteresse und schließlich zur inneren Kündigung führen. Ein Großteil der Betroffenen will dies aber nicht wahrhaben und engagiert sich noch mehr als bisher, arbeitet intelligenter, härter und länger, bis die Erkenntnis dämmert, dass der Aufstieg oder die Beförderung doch nicht kommt. Die negative Konsequenz daraus lautet dann: innere Kündigung.

Sinnvoller wäre es, mit einer solchen Situation produktiv umzugehen, d. h. folgende vier Punkte zu beherzigen:

♦ *Kommen Sie in der Wirklichkeit an:*
Erkennen Sie zunächst die Realität und damit das «Karriere-Ende» an. Verfallen Sie dabei aber nicht in den Fehler, die Ursachen bei sich zu suchen, sondern machen Sie sich klar, dass das Unternehmen auf der Karriereleiter keine weiteren Plätze zu bieten hat. Überprüfen Sie aber auch selbstkritisch, ob Ihre Erwartungen an einen weiteren Auf-

Persönlicher Entwicklungsplan

Art der Anforderung		Meine größten Stärken (beibehalten)	Meine Entwicklungschancen	Entwicklung*
1.	**Allgemeine Anforderungen** (z. B. Auftreten, Freundlichkeit)			
2.	**Fachkompetenz** (Fähigkeiten und Fertigkeiten)			
3.	**Methodenkompetenz** (z. B. Moderationsfähigkeit)			
4.	**Soziale Kompetenz** (z. B. Teamfähigkeit)			
5.	**Führungskompetenz** (Führungsgrundsätze)			
6.	**Persönliche Kompetenz** (z. B. Stress- oder Konfliktbewältigung)			

* E: Eigenbeobachtung, **S:** Seminartraining, **T:** Training on the Job, **L:** Literatur, **W:** Weiterbildung

stieg gerechtfertigt sind. Vielleicht machen Sie sich etwas
vor, und für die Firma war eigentlich immer klar: «Bis hier
und nicht weiter!» Haben Sie Ihre Karriereambitionen
rechtzeitig kommuniziert oder gewartet, wie Dornröschen
«wachgeküsst» zu werden? Andererseits sollten Sie für sich
klären, ob dies wirklich das «Ende der Fahnenstange» ist,
und ausloten, welche Chancen Sie in Ihrer derzeitigen Tätigkeit noch nicht genutzt haben.

◆ *Klären Sie die Möglichkeiten eines «horizontalen Aufstiegs»:*
 Verstärkter Hierarchieabbau verändert in den Unternehmen
 die «klassischen» Karrierewege. Motivierte Mitarbeiter
 müssen vermehrt einen «Karrierestopp» in Kauf nehmen
 oder einen Wechsel in andere Positionen akzeptieren. Ein
 «Aufstieg» auf horizontaler Ebene könnte eine Möglichkeit
 sein, weiter vorwärts zu kommen, beispielsweise durch die
 vorübergehende Übernahme von Verantwortung in Projekten, im Sinne der Führungs- und Fachverantwortung. Prüfen Sie die Option, erweitern Sie Ihre Fähigkeiten durch die
 temporäre Übernahme von Verantwortung, und präsentie-
 ren Sie sich dabei gegenüber den Personalverantwortlichen
 als fähiger Mitarbeiter.

◆ *Machen Sie einen Check-up Ihrer Fähigkeiten:*
 Erstellen Sie sich einen «persönlichen Entwicklungsplan»,
 indem Sie Ihre Stärken und «Entwicklungschancen» auflis-
 ten. Klären Sie ab, wie Sie Ihre Schwächen minimieren und
 Ihre Stärken weiter ausbauen können. Signalisieren Sie
 auch Ihrem Vorgesetzten, welche Ihrer Qualitäten besser
 für das Unternehmen eingesetzt werden könnten. Hier sind
 natürlich die so genannten «Schlüsselqualifikationen» besonders wichtig: etwa ein guter Zuhörer zu sein, Freude an
 Teamarbeit zu haben oder geschickt verhandeln zu können. Sie sollten weitere Fähigkeiten nicht vergessen, die
 nicht direkt im Zusammenhang mit Ihrer Tätigkeit stehen.
 Vielleicht sind für den Betrieb Fähigkeiten und Fertigkeiten
 interessant, die Sie im ehrenamtlichen Engagement oder

bei Freizeitaktivitäten entwickelt haben (z. B. Vereinsgründungen, Engagement im sozialen Bereich usw.).

◆ *Orientieren Sie sich auch nach außen:*
Sammeln Sie außerhalb Ihrer Tätigkeit Erfahrungen, bauen Sie neues Wissen auf und entwickeln Sie neue Fertigkeiten, die Sie beruflich verwerten können. Nutzen Sie Fortbildungsangebote der Volkshochschulen oder anderer Bildungsträger im Bereich der EDV, der Sprachen, oder schreiben Sie sich – auch wenn Sie bereits Ende vierzig oder Mitte fünfzig sind – an einem Fernlehrinstitut ein. Hierzu gehört auch das bewusste und freiwillige Engagement bei einer Hilfsorganisation, um Ihre «persönlichen Kompetenzen» zu erweitern. Dass Unternehmen dieses Engagement als wichtiges Lernfeld erkannt haben, zeigen Projekte für Führungskräfte, die im Rahmen der Personalentwicklung entsprechende Tätigkeiten in sozialen Einrichtungen vorsehen.

Seniorität oder:
Wenn das Alter der inneren Kündigung
Vorschub leistet

> Intellektuelle Erkenntnisse sind Papier.
> Vertrauen hat immer nur der,
> der von Erfahrung redet.
> *(Hermann Hesse)*

Ältere Mitarbeiter sind nicht weniger, sondern auf andere Weise leistungsfähig als jüngere. Insbesondere zwischen dem 55. und 65. Lebensjahr kommt es zu Veränderungen der Leistungsfähigkeit. Reaktionsflexibilität und Risikobereitschaft nehmen ab. Dagegen können Fachkenntnisse, strategisches Denken und Qualitätsbewusstsein zunehmen, wenn diese Kompetenzen gefördert werden (vgl. Uepping, 1997, S. 173). Die in Frage kommenden Veränderungen betreffen Einstellungen und Werte und beginnen in den mittleren Jahren. So können beispielsweise Menschen mit vorwiegend materiellen und kommerziellen Orientierungen in dieser Zeit stärker soziale Interessen entwickeln oder versuchen, sich selbst zu verwirklichen. Ergeben sich beruflich keine Möglichkeiten, neue Werte zu leben oder Tätigkeiten auszuüben, die mit den neuen Einstellungen übereinstimmen, kann dies zu einem Auslöser für eine innere Kündigung werden, insbesondere dann, wenn eine Neuorientierung wegen des fortgeschrittenen Lebensalters nicht möglich ist. Trotz guter Konjunktur ist es in unserer Gesellschaft schwer geworden, mit über 45 Jahren eine neue Position in einem anderen Unternehmen einzunehmen. Daher ist die Bereitschaft von älteren, aber unzufriedenen Mitarbeitern, sich zu einer äußeren Kündigung durchzuringen, eher gering. Aber auch die Möglichkeit zu Veränderungen innerhalb des eigenen Unternehmens besteht häufig kaum, da ein Angebot an Fort- und Weiterbildung oder an anderen Maßnahmen, etwa der «job rotation», für diese Altersgruppe in nur geringem Umfang vorhanden ist. «Diese Mischung aus Diskrimination, Immobilismus, Mangel an Herausforderung und Neuqualifizierung ist eine hervorragende Voraussetzung für eine innere Kündigung» (Büchi, 1992, S. 69).

Fallbeispiel: Berufliche Sackgasse

Herr P., 52 Jahre alt, war seit fast zwanzig Jahren in der Montage von Kfz-Klimaanlagen eines großen Autozulieferers beschäftigt. Als gelernter Feinmechaniker hatte er zwar in der Montage nicht mehr die Möglichkeiten, sein gesamtes Wissen und seine Fähigkeiten einzubringen, jedoch verdiente er hier mehr als in seinem angestammten Beruf. Herr P. war die Jahre über im Großen und Ganzen mit seiner Tätigkeit zufrieden. Er war engagiert, umsichtig und verstand es, seine Arbeit zum Nutzen des Betriebes zu gestalten.

Mit zunehmendem Alter machte ihm jedoch der steigende Zeit- und Leistungsdruck zu schaffen. Auch die hin und wieder im Tagesablauf geforderte schwere körperliche Arbeit bereitete ihm zusehends Probleme, insbesondere in Form von Rückenschmerzen. Hinzu kam, dass er durch das Ausscheiden von Kollegen nun der Älteste im Team war und mit jüngeren Kollegen immer weniger gemeinsame Interessen teilen konnte. Die zunehmende Hektik, die er von früher so nicht kannte, machte ihn nervös, was immer wieder zu Spannungen mit Kollegen führte. Auch benötigte er längere Erholungszeiten als früher, um die gleiche Leistung wie in jüngeren Jahren zu erbringen. Sein Körper reagierte immer häufiger mit Beschwerden wie Kopfschmerzen, Appetitlosigkeit oder Erkältungen.

Er bemühte sich jeden Tag aufs Neue, mit den Herausforderungen seiner Tätigkeit zurechtzukommen und seine Arbeit gut zu machen. Sein wesentlich jüngerer Vorgesetzter, den er schon vor einiger Zeit gebeten hatte, sich für eine Versetzung innerhalb des Betriebes an einen «ruhigeren» und weniger körperlich belastenden Arbeitsplatz einzusetzen, hatte damals mit dem lapidaren Hinweis reagiert, dass er in den heutigen Zeiten froh sein müsse, überhaupt einen Arbeitsplatz zu haben. Damit war für seinen Chef die Sache erledigt. Herr P. ging im Geiste seine Möglichkeiten für einen Wechsel innerhalb der Firma durch und besprach dies auch mit Kollegen aus dem Betriebsrat, sah danach jedoch keine Chance, für sich zu einer Veränderung seiner beruflichen Situation zu kommen. Nicht nur wegen der schlechten wirtschaftlichen Lage, sondern auch weil ihm klar war, dass er einem neuen potenziellen Arbeitgeber nicht viel bieten konnte, kam der externe Arbeitsmarkt erst recht nicht in Frage. Seine Ausbildung zum Feinmechaniker lag fast 35 Jahre zurück, und durch seine Tätigkeit in der Montage hatte er kein neues Wissen und keine neuen Fähigkeiten erworben. So konnte er einer Firma nicht mehr bieten als andere, im Unterschied zu ihm jedoch wesentlich jüngere Bewerber.

Herrn P. wurde klar, dass er in einer beruflichen Sackgasse steckte. Vereinzelt hatte er davon gehört, dass der Betrieb Mitarbeiter bereits mit 57 Jahren in den Vorruhestand schickte. Er sah keine andere Möglichkeit, als dieses Ziel anzusteuern. Bis dahin waren es zwar noch einige Jahre, wenn er es aber schaffte, «auf Sparflamme» diese Zeit einigermaßen hinter sich zu bringen, seinen Körper zu schonen und sich auf irgendeine Weise vom Zeit- und Leistungsdruck zu befreien, dann hatte er wenigstens die Aussicht, gesund in den dritten Lebensabschnitt zu gelangen.

In unserer Erhebung konnten 367 der befragten 651 Personen (das entspricht 56,4 Prozent) in den letzten Jahren eine Veränderung bei ihren Motiven für die ausgeübte Tätigkeit feststellen. Bei den privaten und persönlichen Gründen für eine innere Kündigung ergab sich folgende Rangfolge der Nennungen:

- fehlende persönliche Durchsetzungsfähigkeit;
- fehlende individuelle Fähigkeit, mit Konflikten umzugehen;
- Unsicherheit als Persönlichkeitsfaktor und als Disposition;
- Depressivität;
- mangelnde Fähigkeit der Betroffenen, sich neue Ziele zu setzen;
- fehlende Flexibilität, welche sich am Festhalten an Zielen zeigt, obwohl diese nicht verwirklicht werden können.

Tab. 16: Private und persönliche Gründe für eine innere Kündigung

Rangfolge der Nennungen		Gesamt-stichprobe N = 651
1.	Durchsetzungsvermögen	61,6 %
2.	Konfliktfähigkeit	59,5 %
3.	Unsicherheit	56,7 %
4.	Depressivität	53,3 %
5.	Zielsetzungsfähigkeit	53,1 %
6.	Flexibilität	51,7 %

Lösung: Kreativer Umgang mit älteren Mitarbeitern

Um die Motivation und Leistungsfähigkeit älterer Mitarbeiter zu erhalten und damit eine innere Kündigung zu vermeiden, kommt es bei der Gestaltung von Erwerbsverläufen darauf an, Anforderungen und Belastungen im Berufsleben zeitlich so aufeinander folgen zu lassen, dass einem frühzeitigen gesundheitlichen und motivationalen Verschleiß entgegengewirkt wird. Hierzu bieten sich neue Wege eines innerbetrieblichen Positionswechsels an, die gezielt geplant und etabliert werden müssen. Da eingespielte Karriere- und Versetzungswege auf Grund flacher Hierarchien und alternder Belegschaften zunehmend versperrt sind, rückt vermehrt die Möglichkeit eines Tätigkeitswechsels auf der horizontalen Ebene ins Blickfeld. Zu berücksichtigen ist dabei, dass die einzelnen Tätigkeitsfelder in den Unternehmen sehr unterschiedliche Arbeitsbelastungen und -anforderungen mit sich bringen. Einige Tätigkeiten sind bezüglich des Alters eher als kritisch, andere als unproblematisch zu bewerten.

Mut und Kreativität vorausgesetzt, könnten durch das Personalmanagement, speziell im Bereich der Dienstleistungen, die Kompetenzen älterer Mitarbeiter jedoch genutzt werden. Dies gilt etwa in produktionsnahen Serviceabteilungen, in denen die älteren Mitarbeiter ihre Berufserfahrung aus der Produktion nutzbringend einsetzen, beispielsweise bei der kundennahen Wartung und Instandhaltung von Geräten, die in einem Betrieb hergestellt werden. Neue Motivation und Freude an der Arbeit können ältere Mitarbeiter wieder erleben, wenn sie ihre vielfältige berufliche Erfahrung als kollegiale Berater an jüngere Kollegen weitergeben oder Projektgruppen auf diese Weise unterstützen. Sie besitzen einen Fundus an Fachkenntnissen, und ihr strategisches Denken und Qualitätsbewusstsein haben einen hohen Ausprägungsgrad erreicht. Dadurch nutzt das Unternehmen die Berufserfahrung der älteren Mitarbeiter und schafft diesem

Personenkreis auf der anderen Seite neue, motivierende Perspektiven.

So früh als möglich sollte einem Verschleiß an Qualifikation, Gesundheit und Motivation entgegengewirkt werden. In dieser Hinsicht müssen nicht nur die Unternehmen umdenken, sondern auch die Beschäftigten selbst: Nicht mehr die Stelle, die Stellenbeschreibung, der Beruf oder die Tätigkeit dürfen die maßgeblichen Orientierungspunkte sein, sondern Tätigkeitsfelder mit optionalen Positionen und Stellen.

Ein Wechsel zwischen verschiedenen Tätigkeitsfeldern darf jedoch nicht unter dem Vorbehalt stehen, dass damit eine bessere Entlohnung oder ein hierarchischer Aufstieg verbunden ist. Entscheidende Kriterien sollten sein, dass durch den Wechsel zwischen verschiedenen Arbeitsanforderungen

◆ neues Wissen erworben wird;
◆ die beginnende Fixierung auf gesundheitsbeeinträchtigende Belastungs- und Beanspruchungskonstellationen unterbrochen wird;
◆ neue soziale Konstellationen (Arbeitsgruppen, Teams, Prozessketten in Arbeitsabläufen etc.) erlebt und dadurch neue Kompetenzen, insbesondere zur Erhöhung der organisationalen und sozialen Kompetenzen sowie zur Stressbewältigung, erlernt werden;
◆ die individuelle Bereitschaft und Fähigkeit, sich in neuen Arbeitssituationen zurechtzufinden und sich an neue Arbeitsanforderungen anzupassen, aktiv unterstützt wird.

Spezifische Arbeitsbedingungen

1. Autonomie und Autonomieeinschränkungen

Im Mittelpunkt der psychologischen Arbeitsplatzgestaltung steht in den deutschsprachigen Ländern die Arbeitsaufgabe. Sie stellt die Schnittstelle von Person und Organisation dar.

Im Vordergrund des Organisationsinteresses steht die Erledigung der Arbeitsaufgabe; beim Individuum hat hingegen der Wunsch nach Gestaltung der Aufgabe Priorität. Da selbstgestaltete, vielseitige und kooperative Arbeitsaufgaben tendenziell attraktiver sind als monotone, fremdbestimmte und ohne soziale Kontakte auszuführende Tätigkeiten, ist den Arbeitsbedingungen im Zusammenhang mit der inneren Kündigung ein besonderes Augenmerk zu schenken. Das Autonomieprinzip geht davon aus, dass der Mensch sich nicht als bloßes Objekt der Handlungen anderer empfinden möchte, sondern das Bedürfnis hat, sich als «autonomes Subjekt der eigenen Handlungen in der ihn umgebenden Welt» wahrzunehmen (Wiendieck, 1994). Ob das gelingt oder nicht, hängt von dem Ausmaß der Kontrolle ab, über die der Einzelne im Hinblick auf seine Tätigkeit, deren Ablauf und Voraussetzungen verfügt, und zwar nicht im Sinne nachträglicher Überprüfung, sondern in der angelsächsischen Bedeutung von «Steuern und Bewirken». Kontrolle meint in diesem Zusammenhang Eigenkontrolle, die sowohl der Beeinflussung der Bedingungen der Tätigkeit als auch der Tätigkeit selbst dient. Der Wunsch nach Autonomie oder Eigenkontrolle hat zu den Konzepten der *Kontrolle* und des *Handlungsspielraums* in der Arbeits- und Organisationspsychologie geführt. So wird das Streben von Mitarbeitern nach Autonomie beispielsweise unter dem Begriff des Handlungsspielraums in einer dreidimensionalen Struktur zusammengefasst. Diese gliedert sich in

1. den Entscheidungsspielraum (z. B. freie Zeiteinteilung, Selbstständigkeit, Planungshoheit, Freiheit);
2. den Tätigkeitsspielraum (z. B. Vielseitigkeit, Aufgaben, die herausfordern, neue Anforderungen, unterschiedliche Aufgabenstellungen);
3. den Interaktionsspielraum (z. B. kooperative Aufgabenbewältigung, Teamarbeit, Abstimmung mit Kollegen).

Zu einem größeren Handlungsspielraum gehört auch eine größere Handlungsverantwortung, da das einzelne Individuum zwar die Kontrolle über die Handlung, nicht aber über die Umstände hat.

Unter Kontrolle ist dabei allerdings nie ein absolutes «Im-Griff-Haben» der Situation zu verstehen; deshalb bedarf der Kontrollbegriff der Differenzierung. Er weist folgende Facetten auf:

- verhaltensmäßige Kontrolle, d. h., Abläufe durch aktives Handeln verändern zu können;
- Wahlfreiheit, d. h., aus Alternativen wählen zu können;
- kognitive Kontrolle, d. h., zu verstehen und zu überblicken, was, wie, wann und warum geschieht und geschehen wird;
- emotionale Kontrolle, d. h., vor fremden Einflüssen auf das Gefühlsleben geschützt zu sein (Burisch, 1989).

Welcher Kontrollmodus bevorzugt wird, unterscheidet sich dabei von Person zu Person.

2. Situationskontrolle

Bei der Entstehung der inneren Kündigung in anhaltend frustrierenden Arbeitssituationen spielt die Situationskontrolle eine zentrale Rolle. Situationskontrolle definiert sich als Ausmaß der Möglichkeiten, aversiv erlebte Arbeitsbedingungen durch eigenes Handeln – aktuell oder vorbeugend verändernd – zu beeinflussen. Nicht-Kontrolle ruft Stresszustände im Verein mit Passivität und Hilflosigkeit und in der Folge auch Depressionen und psychosomatische Erkrankungen hervor. Situationskontrolle bezieht sich vor allem auf die Kontrolle von (Stress-)Situationen. Nicht-Kontrolle in dieser Hinsicht läge vor, wenn alle oben beschriebenen Kontrolltypen nicht gegeben wären. Die Situationskontrolle wird sowohl von situativen als auch von personalen Variablen beeinflusst. Tatsächliche Situationskontrolle ist nur dann gegeben, wenn ein Individuum die entsprechenden Handlungsspielräume vorfindet, um unangenehme Tätigkeitsbedingungen zu beseitigen. Dazu benötigt der oder die Handelnde persönliche Ressourcen, um gegen diese Bedingungen in passender Form vorgehen zu können. Die Situationskontrolle ist somit eine moderierende Variable im Prozess der Entstehung der inneren Kündigung. Bleibt aufgrund der objektiv gegebenen Unkontrollierbarkeit bzw. individuellen Unfähigkeit der Betroffenen eine erfolgreiche Veränderung der Situation aus und kommt es infolgedessen zu Arbeits*un*zufriedenheit, wirkt sich dies auch auf die Kontrollüberzeugungen der Person aus. In Wechselwirkung mit den individuellen Erfolgsorientierungen, also dem Meiden von Misserfolg bzw. dem Streben nach Erfolg auf der einen und der wahrgenommenen Hilflosigkeit auf der anderen Seite, entwickelt sich das Ausmaß von subjektiver Situationskontrolle. Wenn ein Mitarbeiter über wenig Situationskontrolle verfügt, er aber dennoch einen Versuch unternimmt, eine Änderung herbeizuführen, und dabei dann Erfolg hat, so wird er, eine grundsätzliche Misserfolgsorientierung vorausgesetzt, dieses Handlungsergebnis etwa auf Glück zurückführen. Bei einem Scheitern kommt es dagegen eher zu einer stabilen, auf die eigene Person bezogenen Zuschreibung, etwa derart, dass die eigenen Fähigkeiten als unzureichend angesehen werden, eine Veränderung herbeizuführen.

Auch wenn prinzipiell eine Veränderung der Situation durch unzufriedene Mitarbeiter denkbar ist, ist es oft fraglich, ob die betreffende Organisation überhaupt die Möglichkeit bieten kann, weniger aversive Arbeitsbedingungen zu schaffen.

Die Resultate unserer Erhebung zeigen, dass der subjektiv wahrgenommene Grad an Handlungs- bzw. Situationskontrolle eine indirekte Rolle bei der Entstehung der inneren Kündigung spielt. Von 302 Personen, die bereits eine Kündigung erwogen haben, gehörten 212 bzw. 70 Prozent zu den

Nicht-Führungskräften. Von Personen mit *Führungsverant-wortung für bis zu 3 Mitarbeiter* sind es 16 Prozent, *für bis zu 10 Mitarbeiter* 10 Prozent, *für bis zu 15 Mitarbeiter* 1 Prozent und bei Personen mit einer Verantwortung von *über 15 Mitarbeitern* 3 Prozent. Damit zeigt sich eine Tendenz, mit zunehmender Verantwortung weniger an einen Wechsel zu denken. Dies spiegelt eine größere Autonomie und Arbeitszufriedenheit von Führungskräften wider, was in der Folge einen Schutz gegen eine innere Kündigung darstellt.

Lösung: Empowerment
oder: Die Erweiterung von Handlungsspielraum

> Die meisten Führungskräfte zögern, ihre Leute mit dem Ball laufen zu lassen. Aber es ist erstaunlich, wie schnell ein informierter und motivierter Mensch laufen kann.
>
> *(Lee Iacocca)*

Um Menschen an ihrem Arbeitsplatz mehr Gestaltungsspielraum zu geben und damit bewusst oder unbewusst der inneren Kündigung vorzubeugen, gehen immer mehr Unternehmen dazu über, den Handlungsspielraum ihrer Mitarbeiter zu erweitern. Diese arbeitspsychologische Maßnahme geschieht meist unter dem Begriff des «Empowerment». Unter «Empowerment» wird zurzeit noch ein uneinheitliches Konzept verstanden, dass im Wesentlichen mit dem arbeitspsychologischen Ansatz des Handlungsspielraums identisch ist. Mitarbeitern wird in diesem Konzept mehr Verantwortung und Freiheit in Bezug auf Handlungen und Entscheidungen bei ihrer Tätigkeit übertragen. Im Kern bedeutet dies, dass eine Reihe von Aufgaben und Kompetenzen, die eigentlich Führungskräften vorbehalten sind, an Mitarbeiter delegiert werden. Erfahrungen mit diesem Ansatz im industriellen Bereich ergeben vor allem eine Erhöhung der intrinsischen Motivation der Mitarbeiter.

Die dadurch ausgelösten Effekte sind sowohl positiv als auch negativ (Wiendieck, 1994, S. 194). Die organisationspsychologische Erfahrung zeigt, dass der Wunsch nach Selbstverwirklichung nicht für alle Menschen zutrifft. Einer Erhöhung des Handlungsspielraums stehen daher viele skeptisch gegenüber. So bringt ein vermehrter Handlungsspielraum auf personaler Ebene nicht nur mehr Gestaltungsmöglichkeiten, sondern auch mehr Verantwortung und Unsicherheit mit sich. Damit verbunden ist nicht immer eine Zunahme an Motivation, sondern häufig auch das Gegenteil, nämlich Ängstlichkeit infolge der Unsicherheit. Dies trifft vor allem auf Mitarbeiter zu, die es über viele Jahre gewohnt waren, mit einer Einbuße ihrer Autonomie zurechtzukommen, insbesondere dann, wenn ein Abweichen von dem betrieblichen Regel- und Normensystem mit Sanktionen bestraft wurde. Interessanterweise wünschen vor allem Mitarbeiter auf unteren Hierarchieebenen am wenigsten eine Ausweitung ihres Handlungsspielraums (vgl. Jahoda, 1983). Aus betrieblicher Sicht zeigen sich die Nachteile eines erweiterten Handlungsspielraums darin, dass größere Freiheitsgrade höhere Anforderungen an die Qualifikation von Mitarbeitern stellen. Anstrengungen von Führungskräften, Mitarbeiter zu aktivieren, scheitern dadurch häufig. Dies führt im Sinne einer sich selbst erfüllenden Prophezeiung dazu, dass sich Mitarbeiter in ihrer negativen Auffassung gegenüber Veränderungen bestätigt fühlen. Erneute Anläufe, diese Personen zu aktivieren, bereiten entsprechende Probleme. Zudem muss von Seiten der Führungskräfte mit Widerstand gerechnet werden, da diese das Gefühl entwickeln können, überflüssig zu werden. Hinzu kommt, dass obere und mittlere Führungskräfte verstärkt dazu neigen, Verantwortung, nicht jedoch die notwendigen Entscheidungskompetenzen an Mitarbeiter zu delegieren (Deutschmann, 2001, S. 73). Vorgesetzte können sich aber auch durch mehr Handlungsspielraum ihrer Mitarbeiter überfordert fühlen, weil deren Aktivitäten sie in ihrem Selbstverständnis erschüttern; schließlich lassen sich «ermächtigte» Mitarbeiter weniger gut kontrollieren.

Erweiterungen des Handlungsspielraums lassen auch den Koordinations- und Abstimmungsaufwand steigen, wodurch sich die Wahrscheinlichkeit für Fehler und Konflikte erhöht. Diese wiederum können zu einer beständigen Quelle für Arbeits*un*zufriedenheit werden. Damit wird ein Dilemma deutlich, das sich aus einer Erweiterung des Handlungsspielraums ergibt. Auf organisationaler Ebene bewirkt eine Spielraumerweiterung einen Verlust an Steuerungsmöglichkeiten und Ordnung, was häufig dazu führt, dass diese unerwünschten Nebeneffekte durch neue Strukturen und Strategien subtil wieder zurückgenommen werden. Vor allem werden hierzu Konzepte der Organisationskulturentwicklung und des Controllings verwendet. Wiendieck spricht in diesem Kontext von «kontrollierter Autonomie» (1994, S. 249). Wie viel mehr Autonomie Mitarbeiter letztendlich erhalten, hängt wesentlich von der jeweiligen Organisation sowie den Persönlichkeiten der Mitarbeiter und Führungskräfte ab.

3. Individuelles Leiden
an der inneren Kündigung

Individuelles Rückzugsverhalten und emotionale Distanz zur Arbeit höhlen einen für den Menschen wichtigen Bereich aus: den der Sinnhaftigkeit der Arbeit. Die ungeliebte Tätigkeit, häufige berufliche Frustrationen, mangelnde Perspektiven und fehlende Ziele führen bei vielen innerlich Gekündigten zu emotionalen Spannungen und Konflikten. Die Folge ist Stress. Dieser entsteht durch das gravierende Missverhältnis («Misfit») zwischen den Bedürfnissen der Person und den gebotenen Befriedigungsmöglichkeiten der Arbeitssituation. Dieses Missverhältnis hat allerdings nur dann negative Auswirkungen, wenn es nicht umgangen oder beherrscht werden kann, sondern bestehen bleibt. Negativer Stress, von Selye (1974) auch als Distress bezeichnet, ist nicht an sich schädlich, sondern nur dann, wenn die betroffene Person nicht in der Lage ist, ihn angemessen zu bewältigen und abzubauen.

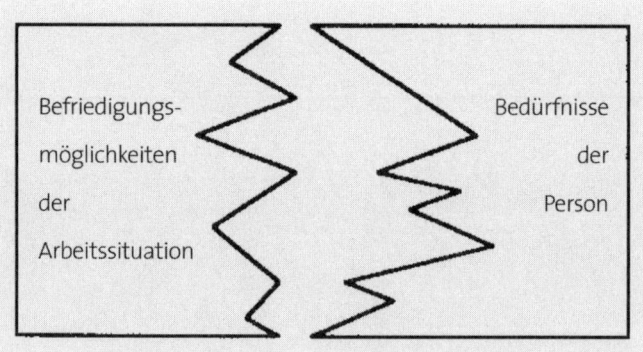

Abb. 8: Grundlegende Nichtpassung (Misfit)

Formen des Missverhältnisses von Person und Umwelt existieren zwischen

- objektiver Umwelt und wahrgenommener Umwelt,
- objektiver Person und wahrgenommener Person.

«Misfits» zwischen objektiver und subjektiver Wahrnehmung können immer in zwei Richtungen interpretiert werden: Die Wahrnehmung eines Individuums deckt sich *nicht* mit den Auffassungen anderer über die eigene Person und die Umwelt bzw. das Arbeitsumfeld, weil

- die Person sich täuscht oder
- weil sich die anderen täuschen.

Daraus ergeben sich folgende Kombinationen:

- *Wirklichkeitsfremde Einschätzung der eigenen Person:*
  Eine Fehleinschätzung von eigenen Möglichkeiten, Fähigkeiten oder Wünschen führt dazu, dass Personen sich überschätzen und so in einen Stresszustand geraten. Menschen mit einer realistischen Selbsteinschätzung verfügen über eine bessere Übereinstimmung zwischen der objektiven und subjektiven Wahrnehmung der eigenen Person. Arbeits*un*zufriedene Mitarbeiter, die ihre Situation verändern wollen, geraten, beispielsweise durch eine falsche Einschätzung der Chancen für einen Wechsel, unter starken psychischen Druck und infolgedessen in den Zustand der passiven inneren Kündigung.
- *Wirklichkeitsfremde Einschätzung der Umwelt:* Das Individuum schätzt die Umwelt bzw. die Arbeitsbedingungen unrealistisch ein. Dabei stellt das Ausmaß an Übereinstimmung von subjektiv wahrgenommener und objektiver Umwelt den Grad an Realismus dar. In die Situation der inneren Kündigung gerät man etwa durch falsche Vorstellungen von einem Beruf oder einer Tätigkeit.

◆ *Objektive Nichtübereinstimmung zwischen Person und Umwelt:* Diese existiert dann, wenn ein Mitarbeiter an einer Aufgabe scheitert oder erkennt, dass seine Bemühungen, unbefriedigende Arbeitsbedingungen zu verändern, nicht erfolgreich sein können. Beispielsweise können Personen feststellen, dass sie trotz großer Anstrengungen ihre Situation nicht verändern können.

◆ *Subjektives Missverhältnis zwischen Individuum und Umwelt:* Trotz objektiv vorhandener Hilfen nimmt eine Person, die an objektiven Anforderungen gescheitert ist, diese Unterstützung nicht wahr. Sie erkennt auch nicht die wirklichen Zusammenhänge und täuscht sich so über die tatsächlichen Beziehungen hinweg. Dieses Verhalten führt dann vermeintlich zu Verbesserungen bzw. zu Veränderungen. Passiv innerlich Gekündigte verhalten sich so, indem sie Ansprüche senken, um so gleichsam innere Spannungen (kognitive Dissonanz) zu reduzieren.

Bei einem Misfit stellt die innere Kündigung durchaus eine mögliche Bewältigungsstrategie dar. Der passiven inneren Kündigung wird dabei eine emotionsregulierende Aufgabe zugewiesen, der aktiven inneren Kündigung eine problemorientierte Bewältigungsstrategie. Die passive innere Kündigung lässt beim Betroffenen die Einstellung entstehen, nach der er gesucht hat und die seinen Widerspruch zur aktuellen Arbeitssituation auflöst. Da er nach mehrjähriger Erfahrung von Beschränkungen seine beruflichen Ziele generell aufgegeben hat, sucht er keine neue Orientierung, sondern passt sich den Gegebenheiten an. Die Anpassung kann aber auch erfolgen, weil eine Person die Erfahrung macht, dass es zwischen ihren Versuchen, etwas an der unbefriedigenden Arbeitssituation zu verändern, und dem wünschenswerten Ergebnis keinen Zusammenhang gibt: Es etabliert sich die so genannte «erlernte Hilflosigkeit» (vgl. Seligman, 1975). Auf diesen Folgezustand und das Burnout-Syndrom sowie auf Entstehung und Folgen beruflicher Gratifikationskrisen wird in den nächsten Abschnitten eingegangen.

Erlernte Hilflosigkeit

Der Teufelskreis der erlernten Hilflosigkeit lässt sich folgendermaßen beschreiben: Der Betroffene hat Ziele nicht erreicht und geht nun davon aus, auch künftig erfolglos zu sein. Er reagiert mit der Tendenz, selbst dann inaktiv zu bleiben, wenn sich Chancen für Veränderungen bieten, weil er diese als solche nicht wahrnimmt. Wird die Ursache für die Unfähigkeit, etwas zu verändern, in der eigenen Person gesehen, kann es zu Resignation und Apathie kommen. Nach Seligman hat Angst die Funktion, das Individuum zu Kontrollversuchen zu motivieren; sie gibt den Impuls, um die Wiederherstellung von Kontrolle zu kämpfen. Erweisen sich die Versuche als aussichtslos und gibt es auch keine Hoffnung, an der Situation etwas zu verändern, stellen sich Depression und Apathie ein. Evolutionär gesehen ist Apathie eine sinnvolle Reaktion, da ein weiterer Energieverbrauch nutzlos wäre und weitere Frustrationen vermieden werden sollen. Typische Symptome der erlernten Hilflosigkeit haben starke Parallelen mit denen der Depression. Werden dagegen die Gründe in äußeren Bedingungen gesehen, versuchen die Betroffenen, sich der Situation zu entziehen.

Im Gegensatz zum passiv innerlich gekündigten Menschen passt sich der aktiv innerlich gekündigte Mensch nur bei spezifischen Zielen an und versucht weiter, problemorientiert eine Verbesserung seiner Situation zu erreichen. In der Negativ-Variante betreibt die aktiv innerlich gekündigte Person weiterhin nicht fruchtende Veränderungsversuche und steht dabei in der Gefahr, «auszubrennen». Massenbach (2000) spricht bei beiden Varianten von durchaus «geglückter Anpassung» innerlich Gekündigter an entsprechende Zwangs-

Erlernte Hilflosigkeit nach Seligman

In seinen Büchern «Helplessness» (1975) und «Learned Optimism» (1990) berichtet Seligman von einem Experiment, dem er als Student zufällig beiwohnte. Hunde waren in einem Lernexperiment nach jeweils einem hohen Ton leichten Stromstößen ausgesetzt worden, denen sie nicht ausweichen konnten. Nach einigen Durchgängen zeigte sich erwartungsgemäß der Lerneffekt, dass alleine der Signalton Angst bei den Tieren auslöste. In der zweiten Phase des Experiments sollte sich zeigen, dass diese Koppelung der Reaktion an den Signalton (Konditionierung) auch in anderen Situationen erhalten blieb. Der zweite Teil des Experimentes konnte jedoch nicht durchgeführt werden, da sich die Hunde nicht mehr rührten. Sie mussten, so Seligman, während des ersten Durchgangs des Experiments gelernt haben, dass sie «hilflos» waren, und hatten es aufgegeben, ihre Lage zu verbessern, obwohl dies möglich gewesen wäre. Diese Versuchsanordnung wurde zum «Urexperiment» für alle anderen Versuche Seligmans.

In seinem so genannten «Hilflosigkeitstraining» setzte Seligmann (Seligman & Maier, 1967) nach bereits beschriebenem Vorgehen Hunde einem Signalton aus, auf den diese einige Sekunden später einen leichten elektrischen Schlag erhielten. Anderntags folgte der zweite Durchgang: Die Hunde befanden sich in einer Box, die durch eine Barriere in zwei Abteile getrennt war (siehe Graphik). Es ertönte wieder der Signalton, doch diesmal konnten sich die Tiere dem Stromstoß durch einen Sprung über die Barriere in den anderen Teil der Box entziehen. Hunde, die keinem Hilflosigkeitstraining ausgesetzt worden waren, erkannten nach wenigen Versuchsdurchgän-

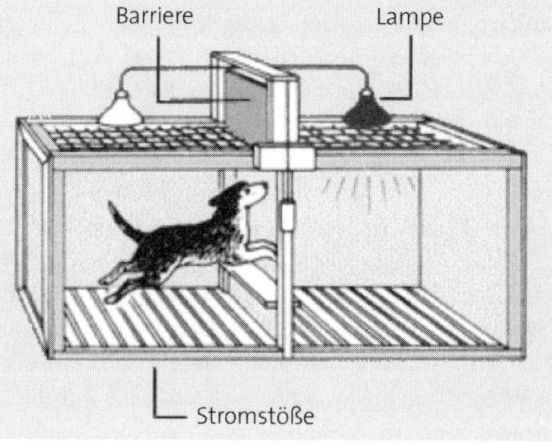

Barriere   Lampe

Stromstöße

gen diese Möglichkeit und machten, sobald der Signalton ertönte, einen Satz über die Barriere. Hunde, welche die Hilflosigkeitsreaktion gelernt hatten, lagen dagegen winselnd, teilnahmslos und ängstlich auf dem Boden des Käfigs und erkannten ihre Chance zum Wechsel in den anderen Teil der Box nicht. Diese Ergebnisse aus Seligmans Versuchen konnten auch in Experimenten mit Katzen, Ratten und sogar mit Goldfischen wiederholt werden.

lagen, da diese Anpassungsmöglichkeiten sinnvolle Strategien der Stressverarbeitung darstellen.

Gleichwohl muss gesehen werden, dass diese Strategien nicht immer Stress reduzieren, sondern auch weitere innere Konflikte provozieren können. Eher kurzfristig wirksam ist beispielsweise der Weg der «geglückten Anpassung», wenn versucht wird, über Freizeitaktivitäten die Sinnlosigkeit des Arbeitsalltages oder permanente Enttäuschungen am Arbeitsplatz zu kompensieren. Betroffene berichten, dass diese Strategie meistens zu kurz greift und andere unangenehme Konsequenzen nach sich zieht, etwa weil

- Betroffene wissen, dass sie ihrem Arbeitgeber nicht die Leistung erbringen, die dieser für das Gehalt erwarten darf. Dadurch bekommen sie ein schlechtes Gewissen, was zu einer weiteren Reduzierung des ohnehin schon labilen Selbstwertgefühls führen kann;
- sich ein Jasager-Image bei Kollegen aufbaut und dem Betroffenen der Ruf vorauseilt, kein «Stehvermögen» zu besitzen;
- durch das mangelnde Engagement auch neue Aufgaben zu kurz kommen und notwendige Kompetenz sich nicht aufbauen kann, was zu einem weiteren Sinken des Selbstvertrauens führt;
- die Konzentration auf den außerberuflichen Bereich, der mit der Hoffnung auf Ausgleich verbunden wurde, auf längere Sicht nicht funktioniert, da die vorhandene Unzufriedenheit ein ständiger Begleiter ist.

Daraus erwächst die Gefahr, dass sich Existenz-, Leistungs- oder Versagensängste entwickeln, die letztlich auch körperliche und psychosomatische Beschwerden erzeugen können.

Wenn Menschen «ausbrennen» – das Burnout-Syndrom

Unter dem Burnout-Syndrom wird ein psychischer und physischer Zusammenbruch verstanden. Der Prozess, der zur völligen körperlichen, emotionalen und geistigen Erschöpfung führt, dauert relativ lange und geht einher mit zunehmendem Disengagement und Distanzierung zur Arbeit, verbunden mit reduzierter Arbeitsleistung. Typisch für das Burnout ist das anfänglich große Engagement, mit dem Personen an eine Arbeit gehen, also «ent-flammt» sind, dann jedoch zunehmend «aus-brennen».

Eine Reihe von Autoren (vgl. Demerouti, 1999, S. 5) sehen in chronischem Stress die Ursache für Burnout. Nicht bewältigter Dauerstress bringt Energiereduktion, Erschöpfung, Enttäuschungen beruflicher Erwartungen sowie Veränderungen von Einstellungen und Verhaltensweisen mit sich. Damit verbunden sind Zynismus und eine Distanzierung von der ausgeübten Tätigkeit.

Folgende Stadien, die ausgebrannte Personen durchlaufen, werden von Weiskopf (1980, S. 18) unterschieden. Die Person hat anfänglich das Gefühl persönlicher Fehlbeanspruchung, im Sinne von Distress, und geht daher ungern zur Arbeit. In der Folge zeigen sich Ermüdungserscheinungen, Gereiztheit, leichte Depressionen und das Gefühl, überarbeitet zu sein. Dies kann mit Widerstand gegenüber Veränderungen gepaart sein. Schließlich verringert das von Burnout betroffene Individuum soziale Kontakte und Aktivitäten und zieht sich von anderen Menschen zurück.

Von Burnout gefährdete Menschen versuchen häufig durch Alkohol- und Drogenkonsum, extremes Rauchen oder übermäßiges Essen ihr Problem zu bewältigen. Anzeichen für Burnout sind beispielsweise häufiges Fehlen bei der Arbeit, Konflikte in Ehe und Familie sowie Depressionen. Betroffene nennen vor allem folgende Symptome:

- Gefühle der Hilflosigkeit,
- mangelnder Antrieb,
- Überforderung durch die ausgeübte Tätigkeit,
- Hoffnungslosigkeit mit Blick auf die Arbeit,
- mangelnde Erfolgsorientierung,
- mangelnde Freude an der Arbeit und am Leben,
- verringerte Kreativität,
- reduzierte Leistungsfähigkeit und Produktivität,
- Ängste und Depressionen,
- schwierige zwischenmenschliche Beziehungen.

Die Beschreibung der Symptome ergibt Überschneidungen zur *erlernten Hilflosigkeit* (emotionale Erschöpfung, Hoffnungslosigkeit, Depression) sowie zur *inneren Kündigung* (Demotivation, Leistungsrückgang). Typisch für burnout-gefährdete Menschen ist deren hohes Anspruchsniveau an sich selbst und die zu leistende Arbeit. Da sie ihr Selbstwertgefühl sehr stark über ihre Leistung definieren, ist ihnen auch bei beruflicher Überforderung eine Senkung ihres Anspruchsniveaus bzw. Leistungsinputs meist nicht möglich (Riedl, 1996, S. 59).

Lösung: Soziale Unterstützung – wenn andere den «Frust» erträglicher machen

Menschen, die in der Gefahr stehen, innerlich zu kündigen, haben innerhalb der Arbeit oft nicht mehr ausreichende soziale Unterstützung von Kollegen bzw. Vorgesetzten, um berufliche Enttäuschungen zu verarbeiten oder unbefriedigende Arbeitssituationen durch das Einholen der Sichtweise anderer zu verändern. Es ist wichtig, dieses Defizit zu erkennen und zu beheben. Denn diese Unterstützung auf emotionaler Ebene – in direkter Hilfestellung (instrumentell) oder in der Vermittlung anderer Perspektiven durch Informationen (informationell) – führt dazu, dass sich der Betroffene nicht allein gelassen fühlt. Aber auch die Bewertungs- und Einschätzungsfunktion sozialer Unterstützung ist wichtig. Sie hilft von innerer Kündigung Bedrohten, selektiv wahrgenommene Sachverhalte oder Verhaltensweisen «richtig» einzuordnen und nicht überzubewerten. Im Kontext innerer Kündigung hat soziale Unterstützung folgende Funktionen:

- Sie ist eine Art soziale Stressbewältigung;
- sie kann helfen, Arbeits*un*zufriedenheit, Resignation und Rückzug zu vermeiden, indem bestimmte Ereignisse kognitiv «richtig» verarbeitet werden;
- sie hilft, Ressourcen zur Bewältigung der potentiellen Ursachen für eine innere Kündigung zu identifizieren.

Emotionaler Halt und praktische Hilfestellung können natürlich auch aus dem privaten Bereich kommen. Wichtig ist nur, dass die Unterstützung suchende Person offene und ehrliche Rückmeldungen erhält und der Ratgeber ihre Normen und Werte teilt. Je mehr zwischenmenschliche Beziehungen ein von Rückzug bedrohter Mensch innerbetrieblich oder privat besitzt (z. B. Kollegen oder Partner), desto weniger besteht für ihn die Gefahr, Einzelne zu sehr durch seinen Wunsch nach Unterstützung zu überfordern.

Soziale Unterstützung durch Bezugspersonen zeigt sich vor allem darin, dass diese
- zuhören und damit psychische Entlastung bieten;
- die Arbeit des Kollegen oder Partners sachlich anerkennen, ehrliches Feedback geben und konstruktive Kritik an Einstellungen, Erwartungen oder Verhalten üben, um damit Hilfen zur Verhaltenskorrektur zu geben;
- versuchen, sich in die emotionale Situation ihres Gegen-

übers einzufühlen, um das Gefühl des Verstandenseins zu erzeugen;

◆ helfen, ihren Gesprächspartner aus seinem emotionalen Gefängnis zu befreien, ihn «aktivieren», um zu einer rationaleren Sichtweise des Problems zu kommen;

◆ übereinstimmende Wertvorstellungen und Sichtweisen der Welt haben, um auf einer gemeinsamen Wertebasis gegebenenfalls Lösungen zu entwickeln.

Selbstreflexion: Analyse von sozialen Stützsystemen

Denken Sie bitte einmal über Ihre beruflichen und privaten Bezugspersonen nach:

Wer unterstützt Sie, wenn Sie beruflichen Ärger haben, von Ihrer Arbeitssituation enttäuscht sind oder den «ganzen Kram hinschmeißen» möchten? Und: Wie können Sie mehr soziale Unterstützung bekommen?

1. Wer hört mir zu?

2. Wie könnte ich weitere Zuhörsituationen schaffen?

3. Von wem bekomme ich aufrichtige Rückmeldungen und Anerkennung zu meiner Arbeit?

4. Wie könnte ich künftig mehr Feedback und sachliche Bestätigung meiner Arbeit erhalten?

5. Wie sieht es mit meiner Bereitschaft aus, Rückmeldungen anzunehmen, neue Erfahrungen zu machen, eigene Erwartungen zu korrigieren, Fortbildungen zu besuchen oder neue Wege zu gehen?

6. Bin ich in der Lage, eigene berufliche Erfolge zu erkennen und anzuerkennen? Wann hatte ich mein letztes Erfolgserlebnis?

_____

_____

7. Wer stützt mich momentan emotional?

_____

_____

8. Wo könnte ich mir emotionale Unterstützung holen?

_____

_____

9. Wer hilft mir dabei, meine negativen Gedankenspiralen zu durchbrechen, neue Perspektiven zu entwickeln und mich zu aktivieren?

_____

_____

10. Welche Personen in meinem beruflichen und privaten Umfeld teilen meine Wertvorstellungen und verstehen damit «meine Wirklichkeit»?

_____

_____

11. Wie kann ich soziale Unterstützung durch Menschen finden, die eine ähnliche Wertestruktur haben?

_____

_____

Das Modell beruflicher Gratifikationskrisen

Welche negativen Auswirkungen psychomentale und sozio-emotionale (Dauer-)Belastungen auf die Gesundheit berufstätiger Menschen mit spezifischen Arbeitsprofilen im industriellen und Dienstleistungssektor haben können, dokumentiert das Forschungsprogramm «Soziale Krisen und Gesundheit» von Siegrist (1996).

Im Zentrum des Forschungsprogramms steht das medizin-soziologische Modell beruflicher Gratifikationskrisen, welches die Bedeutung der Reziprozität in sozialen Beziehungen in den Mittelpunkt rückt. In der Arbeitswelt bedeutet Reziprozität ein ausgeglichenes Verhältnis von geleisteter Arbeit (Verausgabung) und der dafür erhaltenen Belohnung. Belohnung umfasst verschiedene Formen von im Arbeits- und Berufsleben üblichen materiellen und immateriellen Gratifikationen: Bezahlung/Aufstieg, Anerkennung und Arbeitsplatzsicherheit. Als berufliche Gratifikationskrise bezeichnet Siegrist (1996) eine unausgewogene, durch hohe Verausgabung und niedrige Belohnung gekennzeichnete Belastungskonstellation. Es wird angenommen, dass Personen, die über einen längeren Zeitraum dieser Stressbelastung ausgesetzt sind, wegen der immer wiederkehrenden zentralnervösen Aktivierungen auf das Herz-Kreislauf-System ein erhöhtes Erkrankungsrisiko entwickeln. Allerdings wird das Ausmaß von Verausgabung und Belohnung nicht allein von situativen (z. B. Zeitdruck, niedrige Entlohnung), sondern auch von dispositionellen, intrapsychischen Faktoren beeinflusst. Wichtiger Personenfaktor ist hier die übersteigerte berufliche Verausgabungsbereitschaft. Damit ist die Neigung zu einer hohen Belohnungserwartung bei gleichzeitiger übersteigerter Motivation gemeint, was bestehende Gratifikationskrisen in ihrer Dauer und Intensität verstärken kann.

Aus diesen Modellannahmen leitete Siegrist (1996, S. 98) folgende Vorhersagen ab und unterzog sie einer empirischen Überprüfung:

1. Nur das *gemeinsame Auftreten* von Bedingungen hoher Verausgabung *und* niedriger Belohnung ist prädikativ für Herz-Kreislauf-Risiken. Das Vorliegen lediglich einer der beiden Modell-Komponenten reicht nicht aus, um die postulierte Distress-Intensität zu erzeugen.

2. Berufliche Gratifikationskrisen müssen eine bestimmte *Intensität* aufweisen, um nachhaltige Wirkungen auf das Herz-Kreislauf-System ausüben zu können. Nur wenn Anhaltspunkte dafür vorliegen, dass das Ungleichgewicht zwischen Verausgabung und Belohnung mit einer schwer-

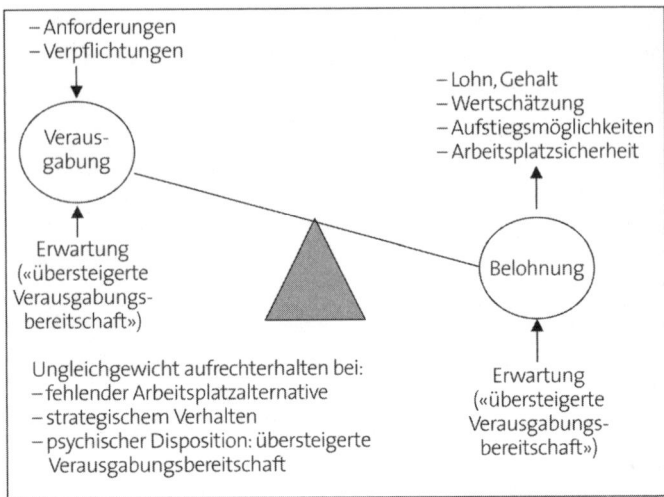

Abb. 9: **Das Modell beruflicher Gratifikationskrisen**
       nach Siegrist (1996)

wiegenden Enttäuschung oder Verärgerung einhergeht, ist diese Intensität gegeben.

3. Je länger die Erfahrung beruflicher Gratifikationskrisen dauert (*Expositionszeit*), desto höher ist die Wahrscheinlichkeit, dass Herz-Kreislauf-Risiken auftreten. In den letzten Jahren wurde die prädikative Kraft des Modells bei der Vorhersage verschiedener Erkrankungen in mehreren Langzeitstudien überprüft und nachgewiesen.

Fallbeispiel: Der Herzinfarkt

Hubert J., 45 Jahre alt, ledig, seit 15 Jahren Busfahrer bei den Städtischen Verkehrsbetrieben in einer süddeutschen Großstadt, galt schon in jungen Jahren als genau und strebsam. Als guter Hauptschüler empfahl ihm der Berufsberater, seine Neigung zum präzisen Arbeiten in einem technischen Beruf zu nutzen. So begann er nach dem Schulabschluss eine Feinmechanikerlehre, die er auch erfolgreich abschloss. Mitte der 1980er Jahre musste seine Firma allerdings Insolvenz anmelden und

Mitarbeiter entlassen. Als jungen, ledigen Mitarbeiter traf ihn das Schicksal, entlassen zu werden, als einen der ersten. Das Arbeitsamt bot ihm aus Mangel an Alternativen zu seinem erlernten Beruf eine Umschulung zum Busfahrer an, die er auch annahm. Nach erfolgreichem Abschluss der Maßnahme stellten ihn die Städtischen Verkehrsbetriebe sofort ein.

Als Busfahrer kam Herrn J. seine Neigung zur Genauigkeit zugute, denn er setzte seinen Ehrgeiz daran, die Fahrpläne möglichst exakt einzuhalten und immer pünktlich zu sein. Zu schaffen machte ihm allerdings von Anfang an die große Verantwortung, die er für die Passagiere tragen musste. Dies war ein Element, das er aus seiner früheren Tätigkeit nicht kannte. Da er gerne Bus fuhr, war er in der Regel auch bereit, bei Krankheit von Kollegen oder an Feiertagen für die Familienväter einzuspringen. Im Kollegenkreis war er wegen seiner Hilfsbereitschaft und wegen seiner Verlässlichkeit recht beliebt.

Schwierigkeiten bereiteten Hubert J. das lange Sitzen und die mangelnde Bewegung, die das Busfahren mit sich brachte. Dies schlug sich auch in einem moderaten Übergewicht nieder. Es störte ihn aber auch seine Rolle als «Einzelkämpfer», wie er dies nannte, da er kaum Kontakt zu seinen Kollegen hatte. Außer einem flüchtigen Gruß, wenn sich die Busse begegneten, traf er höchstens ein oder zwei von ihnen an den Endhaltestellen, und auch dann ließ der Fahrplan kaum Zeit für ein Gespräch. Dieser Umstand machte ihm mit den Jahren zunehmend zu schaffen. Auch der Ärger mit den Fahrgästen, die seiner Meinung nach in den letzten Jahren «aggressiver» geworden seien, belastete ihn sehr, da die Anweisung galt, möglichst freundlich zu allen Fahrgästen zu sein, auch dann, wenn diese die üblichen Freundlichkeitsrituale nicht einhielten. Hubert J. «schluckte», wie er es ausdrückte, daher «sehr viel».

Hier in der Reha-Klinik, in die er nach der Akutbehandlung seines Herzinfarkts eingeliefert wurde, sprach er das erste Mal über seine berufliche Situation: «Für manche ist man der letzte Dreck, eben bloß ein Busfahrer! Dabei hat mir der Job früher Spaß gemacht. Aber heute gibt es vor allem Zeitdruck und Stress, weil die

Straßen fast immer verstopft sind und ich es hasse, den Fahrplan nicht einhalten zu können. Das geht mir irgendwie gegen den Strich. Wenn ich wenigstens vernünftig verdienen würde, aber bei uns im Öffentlichen Dienst wird ja eher gespart. Ich habe mich in den letzten drei Jahren immer mehr ins Schneckenhaus zurückgezogen, aber in mir hat es gebrodelt. Klar habe ich auch mal einen auf den Deckel von meinem Chef bekommen, wenn sich wieder einmal ein Fahrgast über mich beschwert hat, aber mir waren die mit der Zeit egal. Wichtig war für mich, pünktlich zu sein und meinen Job gut zu machen. Pünktlich zu sein und ohne Probleme durch die Stadt zu kommen, war am Ende das Wichtigste für mich. Das war schon nicht mehr normal. Heute weiß ich, dass das mit eine Ursache für meinen Herzinfarkt war.»

Erkennen und Verändern von Einstellungen

> Dass du nicht kannst, sei dir vergeben,
> doch nimmermehr, dass du nicht willst.
> *(Henrik Ibsen)*

Um hausgemachte Arbeits*un*zufriedenheit oder psychische Belastungen auszuschließen, die in eine innere Kündigung münden können, ist das Erkennen der individuellen Bewertungshaltung wichtig. Insbesondere gilt es, den Realitätsbezug zu überprüfen, indem eigene Erwartungen an die Arbeitssituation sowie an das Verhalten von Vorgesetzten oder Kollegen kritisch geprüft werden. Auch ist die Frage zu stellen, ob nur die negative Seite eines Sachverhaltes wahrgenommen wird. Deshalb ist zur Prävention einer inneren Kündigung eine inhaltliche Überprüfung der Ansprüche an die Arbeit und der Konsequenzen von Einstellungen, also ihr Nutzen bzw. Schaden, zu reflektieren.

Einstellungen stellen eine Bereitschaft zur positiven oder negativen Bewertung eines Einstellungsobjektes dar, die auf Gefühlen und Meinungen über einen Einstellungsgegenstand beruhen (vgl. Stroebe et al., 1996). Jede Einstellung lässt sich in drei Komponenten aufteilen, die kognitive, die affektive und die konative Komponente. Diese Aufteilung in einzelne Komponenten wird als Einstellungsstruktur bezeichnet.

Kognitiv bedeutet, dass der Einstellungsgegenstand in ganz bestimmter Weise wahrgenommen und mit Eigenschaften versehen wird. Nimmt man beispielsweise das Einstellungsobjekt «Zusammenarbeit mit älteren Mitarbeitern», so werden diese vielleicht als «nicht mehr leistungsfähig, unflexibel» usw. wahrgenommen bzw. beurteilt. Die kognitive Einstellungskomponente äußert sich in der Wahrnehmung, dem Wissen, der Meinung, der Vorstellung, der Überzeugung oder im Glauben einer Person in Bezug auf das Einstellungsobjekt.

Affektiv bedeutet, dass der Einstellungsgegenstand mehr oder weniger positiv bewertet wird. Da sich Affekte bzw. Gefühle und Emotionen letztlich meist auf ein unmittelbares Für oder Wider reduzieren lassen, fallen hierunter alle Arten eher positiver oder eher negativer Einschätzungen. Zum Beispiel wird «Zusammenarbeit mit älteren Mitarbeitern» abgelehnt oder befürwortet, als angenehm oder unangenehm eingestuft. Die affektive Komponente bezieht sich also auf die Empfindungen einer Person, die mit dem Objekt verbunden sind.

Konativ heißt, dass man gegenüber dem Einstellungsgegenstand bestimmte Handlungstendenzen hegt. Dieses Phänomen darf nicht mit tatsächlichem Handeln bzw. Verhalten gegenüber dem sozialen Objekt verwechselt werden. Die Handlungskomponente einer Einstellung bezieht sich nur auf die irgendwie geäußerte Tendenz oder Bereitschaft, tätig zu werden. Beispielsweise kann ein Vorgesetzter die Handlungstendenz besitzen, älteren Mitarbeitern negative Eigenschaften zuzusprechen. Solche negativen Einstellungen gegenüber dem Objekt müssen nicht unbedingt einem tatsächlich zutage tretenden, «offenen» Verhalten entsprechen. Weder muss Konsistenz zwischen geäußerten Einstellungen einerseits und offenem Verhalten andererseits bestehen, noch müssen die drei phänomenal und operational unterscheidbaren Einstellungskomponenten untereinander konsistent sein. Die konative

Einstellungskomponente bezieht sich auf die Verhaltensintention bzw. auf das tatsächliche Verhalten eines Individuums, das vom Einstellungsobjekt hervorgerufen wird.

Die einzelnen Komponenten stehen in Verbindung zueinander und können daher nicht isoliert betrachtet werden. Eine Einstellungsänderung bei einer der Komponenten führt fast immer auch zu einer Änderung bei den anderen. Einstellungen sind auch Filter, die von allen sichtbaren Reaktionen und Verhaltensweisen durchlaufen werden. Damit beeinflussen sie unser Arbeitsverhalten und unsere Reaktionen auf Arbeitsbedingungen, Kollegen und Vorgesetzte.

Glaubenssätze sind eng mit der kognitiven Einstellungskomponente verbunden und bilden unterschwellig wirksame Leitsätze. Sie wurden in der Lebensgeschichte geprägt und stellen nach Ellis (1977) das komprimierte Resultat der familiären Sozialisation dar. Jeder Mensch entwickelt auf der Basis seiner Kindheitserfahrungen diese Glaubenssätze, die seine Einstellungen und damit die Wahrnehmung und Bewertung der Realität prägen.

Beispiele hierzu sind:
- Sei immer der Erste!
- Sei immer perfekt!
- Mach immer schnell!
- Streng dich immer an!
- Mach es immer allen recht!
- Sei immer stark!
- Beiß die Zähne zusammen, und durch!
- Das macht man nicht!
- Stell dich nicht so an!

Selbstreflexion

Finden Sie sich in diesen Sätzen wieder? Welche typischen Sätze aus Ihrer Kindheit sind Ihnen noch geläufig?

Speziell die Auseinandersetzung mit dem individuellen «Irrglauben», der sich im individuellen Sozialisationsprozess bildet, kann von innerer Kündigung Betroffenen helfen, ihre Reaktion auf unbefriedigende berufliche Situationen besser zu verstehen und sie gegebenenfalls zu revidieren. Ellis (1977), der die irrationalen Glaubenssätze auch als «Einschärfungen» bezeichnet, macht ihren rigorosen Charakter und damit ihre antreibende Wirkung deutlich. Eingeleitet werden Irrglaubenssätze meist mit «Man kann doch nicht», «Man sollte», «Man muss doch» usw. Da sie tief verankert sind, werden sie nicht mehr bewusst hinterfragt.

Irrationale Glaubenssätze nach Ellis

1. Alle müssen mich lieben und anerkennen.
2. Ich bin nur wertvoll, wenn ich kompetent, tüchtig und leistungsfähig bin.
3. Bestimmte Menschen sind schlecht und böse, weshalb sie zu rügen bzw. zu bestrafen sind.
4. Es ist schrecklich und katastrophal, wenn Dinge nicht so laufen, wie ich sie gerne hätte.
5. Auf meine Sorgen und psychischen Probleme habe ich nur wenig Einfluss, da sie durch äußere Umstände verursacht werden.
6. Gefahren können jederzeit eintreten, weshalb ich ständig auf der Hut sein und mir Sorgen machen muss.
7. Schwierigkeiten auszuweichen ist für mich leichter, als sich ihnen zu stellen.
8. Ich brauche jemand Stärkeren, auf den ich mich stützen kann.
9. Ereignisse aus der Vergangenheit, die mich beeinflusst haben, wirken sich auch heute noch auf mein Leben aus und werden dies auch weiterhin tun.
10. Ich muss für *andere* da sein; wenn andere Probleme und Schwierigkeiten haben, muss *ich* mich aufregen.
11. Für jedes menschliche Problem gibt es eine definitiv richtige, perfekte Lösung. Es ist katastrophal, wenn ich diese nicht finde.

In welchen Sätzen finden Sie sich wieder? Was haben diese Sätze mit einer evtl. bei Ihnen vorliegenden inneren Kündigung zu tun? Ein-schärfungen müssen ent-schärft werden. Die hemmenden Antreiber-Sätze müssen in förderliche Glaubenssätze umformuliert werden, die die Erlaubnis enthalten, Schwächen zeigen zu können oder Fehler machen zu dürfen.

Selbstreflexion: Analyse von Glaubenssätzen

1. Schritt:
Denken Sie einige Minuten über Ihre Glaubenssätze nach, die Ihr Leben und Ihre Arbeit beeinflussen. Schreiben Sie mindestens sechs verschiedene Glaubenssätze auf, die bisher Ihr Verhalten und ihre Handlungsweise bestimmt haben. Überlegen Sie bitte auch, welche Werte diesen Überzeugungen zu Grunde liegen. Prüfen Sie anschließend die notierten Glaubenssätze daraufhin, ob sie sich hemmend oder fördernd auf Ihr Verhalten auswirken. Bei hinderlichen Überzeugungen prüfen Sie bitte, ob Sie diesen Glaubenssatz evtl. erweitern oder durch einen förderlichen auswechseln können.

2. Schritt:
Listen Sie nun mindestens sechs positive Glaubenssätze auf, die Sie künftig dabei unterstützen, Ihre wichtigsten Lebensziele, persönliche und berufliche Ziele zu erreichen. Beginnen Sie bitte alle Sätze mit ICH und formulieren Sie sie positiv, zum Beispiel «Ich will lernen, künftig gelassener zu sein.»

Notieren Sie Ihre neuen Glaubenssätze im Terminkalender oder auf Kärtchen, um sie sich täglich zu vergegenwärtigen. Dann beeinflussen diese Glaubenssätze ihr Verhalten positiv.

4. Psychologische Erklärungsansätze

> Wer nicht weiß, was ist, wie will er
> voraussagen, was werden soll, oder
> erkennen, was einmal gewesen ist?
> *(Gerhart Hauptmann)*

Wenn der Antrieb fehlt

Symptome der inneren Kündigung wie mangelnde Leistungsbereitschaft, hohe Fehlzeiten, Verweigerung von Engagement, Verantwortung oder Kreativität ergeben sogleich eine gedankliche Verknüpfung zum Thema «Motivation». Motivation, verstanden als die Tendenz eines Individuums, ein bestimmtes Ziel erreichen zu wollen, wird durch die Anregung eines bestimmten Motivs, z. B. dem Bedürfnis nach Handlungs- oder Entscheidungsspielraum bei der Arbeit, ausgelöst. Lässt eine Situation dies zu, so sind diese situationalen Bedingungen die Auslöser für motiviertes Handeln, so dass von einer Wechselwirkung zwischen Motiv und Anreiz, also zwischen Person und Situation, gesprochen werden kann. Bedeutsam sind somit Fragen nach den Beweggründen von Menschen, eine bestimmte Tätigkeit aufzunehmen, sich fortzubilden, der Arbeit fernzubleiben oder zu kündigen. Stellen wir uns einen Angestellten vor, der keine Angst vor einer Kündigung haben muss. Er ist gut ausgebildet und jung. Seine Arbeitsmarktchancen sind günstig – warum vollzieht ein solcher Mitarbeiter, wenn er den psychologischen Vertrag einseitig kündigt, den konsequenten Schritt der äußeren Kündigung nicht? Warum lässt er sich auf Bedingungen ein, die seinen Motiven entgegenstehen oder sie nur teilweise befriedigen?

Der Motivationsprozess und individuelle Motive

Handlungen von Menschen können einzelne, aber auch ganze Bündel von Motiven zugrunde liegen. Dabei unterscheiden sich Personen trotz gleicher Motivlage hinsichtlich ihres konkreten Verhaltens oder der Umsetzung daraus resultierender Ziele (Kleinbeck, 1996, S. 22). Ursachen hierfür sind beispielsweise unterschiedlich ausgeprägte Leistungsmotive.

Für Heckhausen (1989) sind Motive «überdauernde Dispositionen», welche zur Erklärung der Konsistenz des individuellen Verhaltens dienen. Handlungsziele werden von Individuen mit unterschiedlicher Intensität verfolgt. Die Intensität ist vom Ausprägungsgrad des Motivs abhängig, welches wiederum eine definierte Inhaltsklasse von Handlungszielen (z. B. Macht ausüben, sozialen Anschluss finden, Leistung zeigen) beinhaltet. Im Zusammenhang mit der Arbeitsmotivation, die Arbeit als zielorientiertes Handeln in Organisationen begreift, können die Inhaltsklassen problemlos definiert werden. Dabei ist das Leistungsmotiv ein zentrales Motiv.

Der Begriff der Leistung wird in der Arbeits- und Organisationspsychologie uneinheitlich verwandt. Einmal steht er für die Bestimmung der Richtung, Stärke und Dauer der Leistung, zum anderen für das Resultat eines Handelns. Das Motiv des Leistungsergebnisses wiederum besteht aus zwei voneinander unabhängigen Komponenten: dem Erfolgsmotiv oder der «Hoffnung auf Erfolg» und dem Misserfolgsmotiv oder der «Furcht vor Misserfolg». Aber auch persönliche Motive, wie das Anschluss- und das Machtmotiv, spielen bei der Leistungserbringung eine Rolle. Unter dem Anschlussmotiv ist das Bedürfnis nach Kontakt und Geselligkeit zu verstehen. Es geht um den Aufbau von gegenseitigen, vertrauensvollen Beziehungen zu anderen Menschen, die durch Akzeptanz, Bejahung, Sympathie und wechselseitige Unterstützung gekennzeichnet sind. Motivationsdefizite können daher auch ihre Ursache in negativen sozialen Beziehungen haben. Das Machtmotiv ist hingegen im Zusammenhang mit Führungsprozessen interessant. Machtmotivierte Menschen streben danach, den Zugang zu Machtquellen zu bekommen und für sich zu sichern. Ihnen geht es um Prestige, das Gefühl der Macht oder darum, das Verhalten anderer in ihrem Sinne und zur Befriedigung eigener Bedürfnisse zu beeinflussen (Heckhausen, ebd.).

Vom Wert der Ziele und der Erwartung, sie erreichen zu können

Organisationen versuchen die Aufgabenerfüllung durch ihre Mitglieder nach Möglichkeit so zu gestalten, dass die Erfolgswahrscheinlichkeit groß ist. Sind einzelne Mitarbeiter trotzdem nicht in der Lage, die gesetzten Ziele zu erreichen, werden sie mit leichteren Tätigkeiten betraut, die für sie eine höhere Wahrscheinlichkeit der Zielerreichung bieten. Erfolgsorientierte Personen werden solche Tätigkeiten jedoch unattraktiv finden, da sie einen mittleren Schwierigkeitsgrad bevorzugen. Erklärt werden kann dies mit den psychologischen «Erwartung-mal-Wert-Theorien». Diese Erklärungsansätze gehen davon aus, dass das Verhalten eine Funktion der Zielerwartung sowie des Anreizwertes eines Ziels ist. Die meisten Modelle, die den Entscheidungsfindungsprozess erklären, basieren auf den beiden Säulen «Werte» und «Erwartung». Als Regel für die Entscheidung gilt: Gewählt wird die Alternative mit dem größten zu erwartenden Wert. Unter «Erwartung» wird die subjektiv eingeschätzte Wahrscheinlichkeit des Eintreffens des Nutzens oder Wertes der gewählten Handlung verstanden. Diese Erwartungen entsprechen den Motivierungspotentialen, während die «Werte» für die Art und die Stärke der Motive stehen. Ist die Erfolgswahrscheinlichkeit gering, Veränderungen durch eigenes Handeln zu erzielen, fällt letztlich in der Regel die Entscheidung, Aktivitäten zu unterlassen. Obwohl der Anreiz für ein Handeln groß ist, wird in diesem Fall von einer Umsetzung abgesehen, da sich die Situation, in der gehandelt werden soll, durch das Individuum nicht kontrollieren lässt. Bei geringem Handlungsspielraum wird das Anstrengungsniveau bei der Aufgabenerfüllung gering sein, da lediglich die negativen Konsequenzen des «Nicht-Handelns» zur Aufgabenerfüllung zwingen. Je größer das Ausmaß der Situationskontrolle, das der Einzelne empfindet, und damit auch das Maß an Vorhersehbarkeit der eigenen Handlungsresultate, desto größer wird auch das Leistungsniveau sein. Ist wenig Situationskontrolle gegeben, sinkt die Erwartung, das Handlungsziel zu erreichen, was zusätzlich dazu führt, dass die Arbeitssituation als unkontrollierbar erlebt wird. Die Folge: Betroffene, die das Gefühl haben, weder den Prozess der Aufgabenerfüllung noch ihre Arbeitssituation gestalten zu können, ändern ihr Arbeitsverhalten, da keine Handlungstendenz mehr existiert, so dass sie ihre Anstrengungen auf ein den Arbeitsplatz erhaltendes Minimum beschränken. Mit anderen Worten: innerlich kündigen.

In der Situation verharren oder handeln?

Die psychologische Motivationsforschung hat u. a. gezeigt, dass hohe Motivation und hinreichend hohe Fähigkeit einer Person noch keine Zielerreichung garantieren. Um derartige, auf den ersten Blick unverständliche Befunde zu erklären, hat Kuhl (1983) die Handlungskontrolltheorie mit den beiden operationalisierbaren Dimensionen *Handlungs- und Lageorientierung* konzipiert. Diese beiden individuellen Ausprägungen können zur Aufklärung von Zusammenhängen bei der inneren Kündigung herangezogen werden. *Handlungsorientierte* Personen befinden sich in einem Zustand, der sie befähigt, ihre Absichten auch unter ungünstigen Bedingungen zu verwirklichen. *Lageorientierte* Personen beschäftigen sich dagegen stärker mit beharrlich wiederkehrenden Gedanken, die mit ihrer Lage in der Vergangenheit, Gegenwart oder Zukunft zu tun haben. Diese Gedanken hindern sie schließlich bei der Handlungsumsetzung.

Individuell unterschiedlich ausgeprägte Lage- bzw.- Handlungsorientierung im Zusammenspiel mit der wahrgenommenen Intensität der Erfahrung von situativer Unkontrollierbarkeit entscheidet darüber, ob es überhaupt zu einer Willensanstrengung kommt. Je schwächer die persönliche Disposition zur Handlungsorientierung und je größer die Unkontrollierbarkeit der Situation, desto schwächer wird der Wille zur Umsetzung der individuellen Zielsetzung sein. Vor allem lageorientierte Personen, die eine mangelnde Situationskontrolle wahrnehmen und in einen Zustand vorübergehender Hilflosigkeit geraten, reagieren mit passiven Verhaltenstendenzen. Sie haben den «Kopf voll», beschäftigen sich mit den zurückliegenden Misserfolgen und geraten Schritt für Schritt in die innere Kündigung. Auf diese Weise ist eine Selbstregulation durch Selbstbeobachtung, Selbstbewertung und Selbstreaktion nur eingeschränkt – wenn überhaupt – noch möglich. In ähnlichen Situationen würden hingegen handlungsorientierte Menschen mit einer Erhöhung von Kontrollanstrengungen reagieren. Sie versuchten zuerst selbstregulierend eine Veränderung herbeizuführen, da sie von ihrer Selbstwirksamkeit überzeugt sind (Karoly, 1993). Der Glaube an die Selbstwirksamkeit beeinflusst die Art der Selbstbeobachtung und die Bewertung der Gründe für Erfolg und Misserfolg. Nehmen handlungsorientierte Personen über die Zeit die Erfolglosigkeit ihrer Anstrengungen wahr, so steigern sie ihre Aktivitäten, wenn sie der Ansicht sind, dass vermehrte Tätigkeit die Schwierigkeit beseitigen kann. Zeigen sich jedoch keine sichtbaren Ergebnisse, werden die Misserfolge in der Regel äußeren Bedingungen zugeordnet, wie etwa der Aufgabenanforderung bzw. mangelnder Anstrengung bei der Lösung des Problems. Letzteres führt wiederum zu vermehrter Kontrollaktivität.

Den Erfolg suchen oder den Misserfolg meiden?

Das so genannte Risikowahlmodell Atkinsons (1957) geht davon aus, dass jedes leistungsorientierte Verhalten durch die überdauernden Motivkomponenten «Hoffnung auf Erfolg» (Erfolgssuche, M_e) und «Furcht vor Misserfolg» (M_m) beeinflusst wird. Beide Faktoren versteht Atkinson als emotionale Dispositionen, mit denen Gefühle wie Stolz bei Erfolg und Scham bei Misserfolg verbunden sind. Leistungs motiviertes Handeln wird nach seiner Theorie als multiplikative Verbindung zwischen der Bedeutung (Valenz) des Erfolges (V_e) und der subjektiven Einschätzung des Erfolgs des eigenen Handelns (W_e) verstanden: Das Modell von Atkinson geht von maximaler motivationaler Tendenz (T_e) bei mittlerem Schwierigkeitsgrad von Aufgaben aus. Erfolgsorientierte Individuen, bei denen eine positive Motivdifferenz überwiegt ($M_e > M_m$), suchen sich danach Situationen mittlerer Schwierigkeit aus. Hier bekommen sie die stärkste Rückmeldung bezüglich ihrer Tüchtigkeit und ein Maximum an Stolz auf die erbrachte Leistung. «Misserfolgmeider» gehen hingegen Aufgaben mittlerer Schwierigkeit aus dem Weg, da bei ihnen eine negative Motivdifferenz überwiegt ($M_e < M_m$). Bei mittlerer Aufgabenschwierigkeit hätten sie das stärkste Feedback bezüglich ihrer Untüchtigkeit zu fürchten. Dies führt dazu, dass diese Menschen Situationen mit großer Erfolgswahrscheinlichkeit bzw. Aufgaben mit geringer Schwierigkeit übernehmen, da dann ein Scheitern im Grunde nicht möglich ist; oder sie wählen (unrealistischerweise) schwere Aufgaben mit geringer Wahrscheinlichkeit auf Erfolg, da hier kaum jemand zum Erfolg gelangt und ein Fehlschlag weniger peinlich ist. Dieses Wahlverhalten der jeweils unterschiedlich veranlagten Personen kann als eine Art Selbstschutz verstanden werden (vgl. Nerdinger, 1995). Erfolgsorientierte Personen führen Misserfolge in der Regel auf fehlende Anstrengung zurück, was dazu führt, dass die Anstrengungen zunächst verstärkt werden, um trotzdem zum Ziel zu gelangen. Emotionen, etwa ein «Sich-schlecht-Fühlen», stellen sich ein und haben Einfluss auf den Anreizwert der Aufgabe. Falls sich der Eindruck einer Mitverantwortlichkeit anderer Personen einstellt, können aggressive Gefühle auftreten. Stellen sich trotz vermehrter Anstrengung keine Erfolge ein, empfinden leistungsorientierte Menschen keinen Stolz, der ihr Selbstwertgefühl steigert und sie somit daran hindert, erneute Anstrengungen zu unternehmen. Schließlich führt eine lang anhaltende Erfolglosigkeit zunehmend zur Empfindung der Unkontrollierbarkeit; die Betroffenen sehen dann keine Möglichkeit mehr, ein Problem oder eine Aufgabe durch eigenes Handeln zu beeinflussen. Die Folge davon: Die Erwartung, die anvisierten Ziele doch noch zu erreichen, verändert

---

Von Negaholikern und unverbesserlichen Optimisten

Menschen, die sich vor Kränkungen und Enttäuschungen schützen möchten, schätzen die erwarteten Resultate ihrer Handlungen oft negativ ein. Hierbei spielen Erfahrungen aus der Erziehung eine Rolle. Kinder lernen, optimistische Erwartungen zu verbergen, da Familienmitglieder auf Optimismus oder Lebensfreude negativ reagieren. Nach dem Motto: «Du sollst den Tag nicht vor dem Abend loben!», wird der Elan gebremst, was zum Zweifel am Erfolg des Vorhabens führt. Zeigt die Erziehung Wirkung, entwickeln sich pessimistische Persönlichkeiten, etwas abfällig auch «Negaholiker» genannt, die übervorsichtig sind und überall Fallstricke wittern. Wie in einer Art Sucht suchen und finden sie Gründe, dies und jenes nicht zu tun, um keinen Misserfolg zu erleben. Typisch ist im Betrieb der «Bedenkenträger», der an diesem Verhaltensmuster deutlich zu erkennen ist. So zeigen vielfach bereits junge Menschen einen Lebenspessimismus, wie er eigentlich nur bei alten Menschen zu finden ist. Über solche Mitarbeiter wird dann von Vorgesetzten gesagt, ihnen fehle der «Biss». Natürlich kann eine pessimistische Grundhaltung auch positiv belegt werden, indem man sie als begründete Vorsicht versteht. Hier kommt es, wie so oft, auf den Standpunkt des Betrachters an.

Unverbesserliche Optimisten blenden Kritik aus ihrem Umfeld häufig aus, um ihr positives Selbstbild aufrechtzuerhalten. Sie gehen meist davon aus, dass ihr Verhalten von Erfolg gekrönt sein wird. Tritt der Erfolg wider Erwarten nicht ein, sind es die Umstände oder andere Personen, die für das Scheitern verantwortlich sind. Der Misserfolg als solcher ist für diesen Menschentyp keine Katastrophe, da er davon ausgeht, dass sein Vorhaben das nächste Mal garantiert gelingt. Dies alles macht es diesen Menschen natürlich schwer, aus Misserfolgen und Fehlern zu lernen. Gleichwohl sind Individuen mit eher überzogen optimistischer Grundeinstellung oft beruflich erfolgreicher als Pessimisten.

sich. Dies geschieht vor allem dann, wenn sich ein entsprechender Kreislauf von Scheitern und erneutem erfolglosem Anlauf häufig wiederholt. Gleichwohl sehen leistungsorientierte Personen ihr Scheitern nicht als persönlich verursacht an. Dagegen schreiben weniger leistungsorientierte Mitarbeiter bei ersten Anzeichen eines Misserfolges das Versagen ihren mangelnden Fähigkeiten zu und geben rasch auf. Sind direkte Vorgesetzte Ursache für Misserfolge, steigt die Wahrscheinlichkeit stark an, dass die betroffenen Mitarbeiter sich zurückziehen und innerlich kündigen. Somit sind unangenehm erlebte und nicht kontrollierbare betriebliche Arbeitsbedingungen, die persönlichen Erfolg verhindern, förderliche Umstände für das Entstehen einer inneren Kündigung.

Vom Gefühl des Eingebundenseins und der Verpflichtung

Die Beschreibung, Erklärung und Vorhersage der Verhaltensweisen von Organisationsmitgliedern ist ein interdisziplinäres Feld. Dazu werden eine Vielzahl von personenbezogenen Konzepten herangezogen, die sich mit dem Spannungsfeld zwischen den individuellen Bedürfnissen und Bestrebungen der Mitglieder einer Organisation und den Organisationszielen befassen. Von großem Interesse sind vor allem die psychologischen Konzepte «Commitment» und «Job-Involvement». Interessant sind beide Konzepte für die Erforschung der inneren Kündigung durch den in der Forschungsliteratur diskutierten Einfluss der Kombination von organisationalem Commitment und Job-Involvement auf Absentismus, d. h. kurze Fehlzeiten, sowie Kündigungsverhalten.

Im Zusammenhang mit organisationspsychologischen Fragestellungen wird Commitment als «Verpflichtung» oder «persönliche Bindung» einer Person an ein Verhalten oder eine Entscheidung verstanden, die auf freiem Willen basiert. Je größer das Commitment ist, desto ausgeprägter werden

Einstellungen und Bewertungen eines Individuums deutlich, und das Verhalten passt sich beidem an. Je nach Grad des Commitments kann individuelles Verhalten demnach mehr oder weniger leicht verändert werden. Existierten eine besonders enge Verbindung zwischen der individuellen Einstellung und dem Verhalten sowie ein ausgeprägtes Commitment gegenüber dem eigenen Handeln, so ist das Verhalten besonders unempfindlich gegenüber Änderungsversuchen, etwa gegenüber Argumenten (Stroebe, 1980). Besonders interessant ist das Thema Commitment mit Blick auf die Entstehung der inneren Kündigung, denn dadurch rückt die Beziehung der Organisationsmitglieder zu den Zielen und Werten der Organisation ins Blickfeld (Conrad, 1988, S. 192).

Commitment besteht aus drei Komponenten (vgl. Cook & Wall, 1980):

- Identifikation; sie beinhaltet die Verinnerlichung der Ziele, Normen und Werte des Unternehmens;
- Involvement, im Sinne der Verwirklichung der eigenen Arbeitsrolle, und
- Loyalität, also die eigentliche Bindung an die Organisation.

Im Prozess der Identifikation des Organisationsmitgliedes nimmt das Individuum Eigenschaften fremder (Identifikations-)Objekte in sich auf und macht sie zu Inhalten des eigenen Selbstverständnisses. Dabei wird umso mehr übernommen, je mehr gemeinsam geteilte Werte am Gegenstand der Identifikation wahrgenommen werden. Je nachdem, ob es sich um Personen oder Situationen handelt, die zur Identifikationsorientierung dienen, ergibt sich ein spezifisches Commitment. Identifikation ist damit eine bedeutsame intervenierende Variable für die Verwirklichung spezifischer individueller Motivaspekte. Neben den formellen und informellen Gruppen kommt dabei vor allem Führungskräften eine wichtige Funktion in einer Organisation zu. Sie ermöglichen es geführten Arbeitnehmern, sich auch emotional mit dem Unternehmen zu identifizieren. Besondere Bedeutung kommt dabei der Einführung neuer Mitarbeiter zu, da sich der Prozess der Identifikation mit dem Unternehmen vor allem in den ersten Monaten entwickelt. Ist die Einführung mangelhaft, wird eine innere Kündigung begünstigt.

Im Vordergrund der Involvement-Forschung steht im Gegensatz zum Commitment die *Identifikation mit der Tätigkeit und dem Beruf*, also die psychologische Identifikation eines Menschen mit seiner Arbeit. Kanungo (1982) unterscheidet zwischen *Work-* und *Job-Involvement*. Mit *Work-Involvement* bezeichnet er den Stellenwert der Arbeit im Leben eines Individuums, also die überdauernde Wertigkeit im Sinne von «Arbeit als zentrales Lebensinteresse» (Saleh & Hosek, 1976, S. 213 ff.). *Job-Involvement* fokussiert den Anstrengungsaspekt der Tätigkeit auf einem spezifischen Arbeitsplatz. Zwischen Involvement und der Arbeitszufriedenheit von Organisationsmitgliedern gibt es empirisch fundierte Zusammenhänge. Borg (1989, S. 117 ff.) belegt, dass vor allem hoch arbeitsinvolvierte Mitarbeiter bei drohendem Verlust ihres Arbeitsplatzes, also ihrem Identifikationsträger, mit massivem Rückzug reagieren als weniger involvierte Kollegen und Kolleginnen. Dies bedeutet, dass bei subjektiv erlebter Arbeitsplatzunsicherheit, z. B. bei schlecht kommunizierten Umgestaltungsprozessen oder Reorganisationen, gerade die Leistungsträger sehr stark, entweder mit äußerer oder einer inneren Kündigung, reagieren. Dieser Vorgang wird auch als Abwanderung oder «brain drain» bezeichnet (Borg, 1989).

In unserer Studie zur inneren Kündigung konnten wir keinen signifikanten Zusammenhang zwischen *Arbeitsplatzunsicherheit* und *innerer Kündigung* nachweisen.

In einem Vier-Felder-Schema, angelehnt an die Typologie von Blau & Boal (1987, S. 116), lässt sich dieser Sachverhalt wie folgt darstellen:

Tab. 17:   Vier-Felder-Schema der Konstrukte *Commitment und Involvement*

	Niedriges Commitment	Hohes Commitment
Niedriges Involvement	Innerlich Gekündigter	Unternehmens-bürger
Hohes Involvement	Einzelkämpfer	Star

Mit Blick auf die innere Kündigung zeigen organisationspsychologische Studien den engen, negativen Zusammenhang zwischen Job-Involvement und innerer Kündigung (Krenz-Maes, 1996).

Fallbeispiel: Mangelndes Commitment der Brandamtsräte

Die drei Branddirektionen der Berufsfeuerwehr einer norddeutschen Großstadt fanden sich nach einem Change-Management-Prozess, der vom Stadtmagistrat initiiert worden war, vor erhebliche Schwierigkeiten gestellt. Der Umgestaltungsprozess der drei Branddirektionen mit ihren 35 Berufsfeuerwachen verpflichtete die Leiter der Feuerwachen künftig dazu, viele Entscheidungen, die sie bisher autonom fällen konnten, auf Projektgruppen zu übertragen. Grundgedanke dabei war, die dort tätigen Brandräte, Brandmeister und Rettungsassistenten stärker an Entscheidungen teilhaben zu lassen. Obwohl die drei Direktoren die stärkere Partizipation der Kollegen und Kolleginnen in den Feuerwachen befürworteten, machten sie sich Gedanken um die Brandamtsräte, die Leiter der Feuerwachen. Diese hatten bezüglich der Restrukturierung ihren Unmut geäußert und sprachen in Meetings mit den Branddirektoren von einem «Motivationstief», in dem sie unisono steckten. Ein Brandamtsrat brachte die Stimmung auf den Punkt: «Jetzt übernehmen die Affen den Zoo! So macht mir der Job keinen Spaß mehr! Wir sind mit unserer Demontage alle höchst unzufrieden!»

Nach dem neuen Konzept mussten die Leiter der Feuerwachen die meisten ihrer bisherigen Führungsaufgaben an die Projektgruppen abgeben und dort als «normale» Teammitglieder mitarbeiten. Ihnen war zugesichert worden, dass ihre Gehälter trotz des Wegfalls der meisten ihrer Führungsaufgaben nicht gekürzt würden. Neben diesem Zugeständnis wurden sie aber auch verpflichtet, die Arbeit der Projektteams zu koordinieren.

Auf Seiten der Mitglieder der Projektgruppen war erfreulicherweise ein massiver Anstieg der Motivation erkennbar. Sie fühlten sich ernster genommen und sahen im neuen Vorgehen eine gute Möglichkeit, sich und ihre Vorstellungen stärker einzubringen, um zu Entscheidungen «im Sinne der Mitarbeiter und Mitarbeiterinnen» zu kommen. Der Personalrat sprach davon, dass die Identifikation der Kollegen mit den Zielen der Organisation durch die neuen Entscheidungsprozesse nun noch stärker sei, viele sehr stolz auf das neue Modell seien und nun auch ihre Arbeit noch ernster nähmen.

Knapp zwei Monate nach den ersten von den Branddirektoren wahrgenommenen Unmutsignalen der Leiter der Feuerwachen begannen sich die Klagen über Konflikte mit einzelnen Brandamtsräten zu häufen. Auch stieg die Zahl ihrer Krankmeldungen, und in den Meetings nahmen die Direktoren einen offensichtlichen Zerfall der Bindung der frustrierten Feuerwachenleiter an die Ziele, Werte und Normen ihrer Organisation wahr. Im Kreis der Betroffenen selbst machte die Vokabel von der «Ent-Pflichtung» die Runde, die zum Ausdruck bringen sollte, dass sie sich unfair behandelt fühlten und nun «Dienst nach Vorschrift» machen wollten.

Das Gegenstück zum psychologischen Konzept des Involvements sieht Kanungo (1982, S. 33 und 120) in der *Entfremdung*. Der Entfremdungsbegriff besitzt eine lange geistesgeschichtliche Tradition. Durch Karl Marx wird Entfremdung zur Kennzeichnung der «Vergegenständlichung», die den Menschen als Produzenten dem Produkt seiner Arbeit entfremdet. Diese besitzt für ihn weder Sinn noch Bedeutung;

die Arbeitskraft wird zur Ware. Im Kapitalismus ist der Arbeiter nach Marx durch das Privateigentum von den Produktionsmitteln ausgeschlossen. Er wird deshalb in dem Maße als Mensch «entwirklicht», wie er Werte schafft, die aufgrund fremder Aneignung zu Gegenständen werden, die ihm «fremd» sind. In der Zergliederung der Arbeitsprozesse und im Verlust über die Kontrolle der Produktionsmittel und den Arbeitsprozess sieht Marx also die Ursache der Entfremdung des Menschen von der Arbeit. Gleichzeitig wird er hierdurch auch anderen Menschen entfremdet, weil deren Arbeit ebenfalls fremdbestimmt ist.

Max Weber greift das Problem auf, betont aber weniger die Eigentumsverhältnisse als die Frage der Kontrolle über die Produktionsmittel und Produktionsergebnisse und das Recht, die Kontrolle darüber auszuüben. Unter diesem Blickwinkel sind nicht nur die in der Produktion tätigen Arbeiter («Proletarier») Besitzlose, sondern auch die in Verwaltung (Bürokratie) und Forschung tätigen Angestellten («Stehkragen-Proletarier»). Denn auch ihnen gehören weder die Produktionsmittel noch die Resultate ihrer Arbeit. Mithin müssten sich ausnahmslos alle Mitglieder einer Organisation ausgebeutet fühlen und unzufrieden an ihrem Arbeitsplatz sein.

Ein psychologisches Konzept von Entfremdung entwickelte Blauner (1964) auf der Grundlage von Studien mit Industriearbeitern am Fließband und in der industriellen Massenproduktion. Dieses Entfremdungskonzept umfasst vier psychologische Kriterien oder Zustände, die bei Angehörigen verschiedener Arbeits- und Organisationsformen oder Berufsgruppen unterschiedlich ausgeprägt sein können:

1. das Gefühl der *Machtlosigkeit* – oder die Unfähigkeit, Einfluss auf die Arbeitssituation zu nehmen;
2. das Gefühl, *keinen Sinn* in der Arbeit zu erkennen;
3. das Gefühl der *sozialen Isolation*, d. h. das Gefühl, keiner Organisation, Arbeits- oder Berufsgruppe anzugehören;
4. das Gefühl der *Selbstentfremdung*, d. h. das Gefühl, bei

der Arbeit innerlich nicht engagiert zu sein. (zit. nach Weinert, 1987, S. 106).

Fallbeispiel: Am Band

Herr Z., 58 Jahre alt, arbeitete 19 Jahre lang als Schleifer in der Motorenfertigung eines großen deutschen Automobilherstellers. Seine Aufgabe bestand darin, eine auf einem Fließband vorbeigleitende, 7,5 kg schwere Kurbelwelle vom Band zu nehmen und auf eine Werkbank zu stellen. Dort musste er sie vermessen und gegebenenfalls kurz bearbeiten, um sie danach wieder auf das Band zu stellen. Insgesamt behandelte Herr Z. pro Tag 354 Wellen in dieser Weise. Da er im Unternehmen nie etwas anderes gemacht hatte, fehlte ihm die Gesamtübersicht über die Fertigung, was dazu führte, dass er die Wirkungen und Konsequenzen seines Tuns eigentlich nicht richtig einordnen konnte. Diese Situation vermittelte ihm das Gefühl, eine nicht sehr bedeutsame Tätigkeit auszuführen. Das Ende der Schicht empfand er regelmäßig als Befreiung, da er erst dann wieder das Empfinden hatte, Einfluss auf sein Leben zu haben. Zudem konnte er, der von Natur aus ein sehr geselliger Mensch war, nun wieder mit anderen kommunizieren, was ihm in seiner Tätigkeit weitgehend verwehrt war. Manchmal fühlte er sich bei der Arbeit, als stünde er neben sich und beobachte sich dabei, wie er sein Werkstück bearbeitete. Besonders schwer fiel ihm seine Arbeit, wenn er einige Wochen in Urlaub gewesen war. Dann tat ihm der Rücken über alle Maßen weh, und er fragte sich die ersten Tage, welchen Sinn das Ganze eigentlich mache. Dann war er immer kurz davor, «alles hinzuschmeißen». Gleichwohl holte ihn die Realität meist rasch auf den Boden der Tatsachen zurück, die daraus bestanden, sich und seine Familie ernähren zu müssen. Vor diesen ersten Tagen nach dem Urlaub fürchtete er sich mit den Jahren besonders, da sie ihm immer wieder klar machten, wie macht- und hilflos er seiner Situation ausgeliefert war.

Heute ist Herr Z. durch einen glücklichen Umstand Lagerverwalter im gleichen Werk. Die Motorenfertigung wurde vor zwei Jahren an einen anderen Standort verlegt, und der Betriebsrat konnte für Herrn Z. bei annähernd gleichem Verdienst diese neue Position heraushandeln. Z. wurde vorgeschlagen, da er vor seiner Tätigkeit am Band bereits in einem Lager tätig war und auch den Führerschein für Gabelstapler besitzt. Er habe, so Z. heute, ein ganz anderes Arbeitsleben: «Ich fühle mich das erste Mal in diesem Unternehmen für etwas Bedeutsames verantwortlich, ich sehe, was mit der Ware von der Anlieferung bis zum Einsatz in der Produktion geschieht. Ich kann mich mit den Kollegen austauschen und habe als Lagerleiter auch etwas zu sagen. Während ich früher meine Schicht abgerissen habe und mit dem, was ich tat, nicht viel anfangen konnte, hängt heute mein Herz an diesem Lager.»

Nach den bisher referierten Zusammenhängen ist die innere Kündigung zwischen dem eher soziologisch orientierten Konzept der Entfremdung und dem psychologisch ausgerichteten Ansatz des Involvements anzusiedeln. Etzioni (1975) geht von einem Kontinuum zwischen Verpflichtung (Commitment) und Entfremdung (Alienation) aus, wobei er Involvement als Ausprägung der Arbeitsmoral betrachtet. Eine extrem positive Arbeitsmoral, sprich Involvement, findet sich als *Commitment* am einen Ende des Kontinuums, während eine ausgeprägt niedrige Arbeitsmoral sich am Pol *Entfremdung* findet. Massenbach (2000, S. 65) zieht daraus den Schluss, dass es zwischen «Involvement» und «Commitment» nur einen quantitativen Unterschied gibt, d. h., hundertprozentiges Involvement ist hundertprozentiges Commitment.

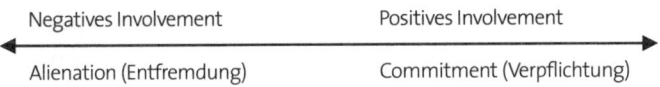

Negatives Involvement	Positives Involvement
Alienation (Entfremdung)	Commitment (Verpflichtung)

Abb. 10: Kontinuum zwischen negativem und positivem Involvement

Zwischen den beiden Polen sind unterschiedliche Ausprägungen denkbar. Für beide Extremausprägungen lassen sich allerdings sowohl positive als auch negative Aspekte finden.

Die Betrachtung des positiven Endpunktes führt zur Beschreibung der Arbeitssucht, die der negativen Ausprägung zur inneren Kündigung.

Exkurs:
Das Verhältnis von innerer Kündigung und Arbeitssucht

> Zwanghaftes Arbeiten allein würde die Menschen ebenso verrückt machen wie absolutes Nichtstun. Erst durch die Kombination beider Komponenten wird das Leben erträglich.
>
> *(Erich Fromm)*

Als positiver Gegenpol zum innerlich gekündigten Mitarbeiter wird in der Literatur meist der Arbeitssüchtige behandelt (vgl. Krystek et al., 1995; Krenz-Maes, 1996). Während der nach Arbeit Süchtige oder Workaholic ein abhängiges Verhalten im Sinne einer stoffungebundenen Sucht zeigt, findet sich bei der inneren Kündigung die Nähe zum Burnout-Syndrom. Parallelen zwischen dem innerlich Gekündigten und dem Arbeitssüchtigen ergeben sich bei den Folgen des jeweiligen Verhaltens. Gemeinsam ist beiden Typen, dass ihre Gedanken ständig um die Arbeit kreisen. Der Workaholic überlegt permanent, wie er noch mehr arbeiten, der innerlich Gekündigte, wie er unbemerkt seinen Einsatz weiter reduzieren kann. Oates (1971) beschreibt den Workaholic als Person, dessen «Bedürfnis nach Arbeit so exzessiv ist, dass es zu auffälligen Störungen oder Beeinträchtigungen der Gesundheit, der persönlichen Zufriedenheit, der zwischenmenschlichen Beziehungen und des sozialen Zusammenlebens bei diesem Individuum kommt». Damit leiden unter beiden Phänomenen nicht nur die Betroffenen, sondern auch deren Familien, die Organisation und die Gesellschaft.

Beide Typen können als Endpunkte eines Kontinuums dargestellt werden, die in Bezug auf relevante Kriterien ganz unterschiedliche Ausprägungen zeigen:

Tab. 18: Innere Kündigung und Arbeitssucht als Endpunkte eines Kontinuums (in Anlehnung an Krystek et al., 1995, S. 13)

Innerlich Gekündigter	Kriterium	Arbeits-süchtiger
hoch	← Distanz zur Tätigkeit →	niedrig
vorgetäuscht	← Engagement →	aktionistisch
vordergründig hoch	← Kooperationsfähigkeit →	niedrig
Eigeninteresse	← Interessenrichtung →	Unternehmens-interesse (vordergründig)
niedrig	← Leistungsbereitschaft →	extrem hoch

Workaholics lassen sich in zwei Typen einteilen (Steinmann et al., 1984):

1. den «konstruktiven» Workaholic, der sowohl quantitativ als auch qualitativ gute Leistung erbringt und bei dem das Eigeninteresse sich mit dem Unternehmensinteresse deckt, und
2. den «destruktiven» Workaholic, dessen Suchtverhalten dem Unternehmen schadet.

Fassel (1991) begründet das schädliche Verhalten des «destruktiv» Arbeitssüchtigen damit, dass dessen von Getriebensein und Hektik geprägtes Arbeitsverhalten langfristig wenig effizient sei, da es zu Fehlern, zeitlichen, finanziellen und psychischen Kosten komme. Aber auch der «konstruktiv» nach Arbeit süchtige Typ begeht aufgrund seines hohen Arbeitspensums zwangsläufig mehr Fehler. Beide Typen denken kurzfristig. Der eine, da er an raschen Lösungen und Erfolgen interessiert ist, der andere, weil er nicht mehr planvoll arbeitet, sondern nur «dahindienstet», um seine täglichen Aufgaben «hinter sich zu bringen». Mangelnde Effizienz beim Arbeiten findet sich somit beim innerlich gekündigten Mitarbeiter genauso wie beim Workaholic. Führungskräften fällt dies meist nicht auf, da der innerlich Gekündigte eine gerade ausreichende Arbeitsleistung erbringt und der ohnehin hohe Einsatz des Arbeitssüchtigen einen Gedanken an ineffiziente Ergebnisse beim Vorgesetzten gar nicht aufkommen lässt. Gemeinsamkeiten ergeben sich auch für die Krankheitstage. Ist der innerlich Gekündigte eher bereit, bei leichter Krankheit zu Hause zu bleiben, so zeigt der Workaholic mit fortschreitender Sucht physische und psychische Auffälligkeiten, die sich in krankheitsbedingter Abwesenheit niederschlagen (Fassel, 1991, S. 29).

Spence & Robbins (1992, S. 160 ff.) grenzen den «Arbeitsenthusiasten» von dem «Arbeitssüchtigen» ab. Beide seien hochgradig in ihre Arbeit involviert, jedoch erlebt der Arbeitsenthusiast sein Tun als etwas Positives, während der Workaholic sich zur Arbeit gezwungen sieht.

Eigeninteresse und Unternehmenskultur

Viele Menschen tun sich schwer damit, ihre Wünsche und Erwartungen anderen mitzuteilen. Dies führt zu dem Versuch, den Mitmenschen die Erwartungen und Vorstellungen auf eine verquere Weise zu vermitteln, welche nicht verstanden wird. Das Umfeld erkennt nicht, was er oder sie eigentlich will. Dieses Phänomen hängt nicht alleine mit Persönlichkeitsmerkmalen zusammen, sondern wird zu großen Teilen von der Unternehmenskultur mit verursacht. Das Artikulieren von Eigeninteressen ist insbesondere in Firmenkulturen tabuisiert, die einem besonderen Corps- oder Elitedenken unterliegen. Dies sind Unternehmen, in denen gemeinsame Werte und eine kollektive Zielerreichung von besonderer Bedeutung sind. Derartige Kulturen neigen zum Aufbau von bestimmten Tabus. Partikularinteressen von Mitarbeitern werden dort meist durch den Hinweis auf das Wohl der Organisation und die Erreichung der gemeinsamen Ziele als nachrangig eingestuft.

Clevere Mitarbeiter, die diese Mechanismen durchschauen, argumentieren allerdings gerade dann mit dem Wohl des Unternehmens, wenn sie eigene Ziele oder ein bestimmtes Einzelinteresse verfolgen.

Die Artikulation von Erwartungen und Wünschen ist nichts Anrüchiges, weshalb Führungskräfte in diesem Fall immer Einzel- und Gesamtinteressen gegeneinander abwägen sollten. Wenn das Unternehmensinteresse auch Vorrang hat, so müssen Wünsche und Interessen einzelner Mitarbeiter ernst genommen und, wenn möglich, berücksichtigt werden. Nur so wird der Betrieb keinen motivierten und produktiven Mitarbeiter in die innere Kündigung «schicken».

Problematisch werden Eigeninteressen allerdings immer dann, wenn sie über das Firmeninteresse gestellt werden (siehe innere Kündigung). Auch alle Versuche, eigene Wünsche und Vorstellungen rücksichtslos und ohne Blick für die Konsequenzen durchzusetzen, schaden der Tendenz nach dem Gesamtsystem.

Innere Kündigung als geglückte Anpassung

> Auch was wir aufgeben, müssen
> wir mit freier Wahl aufgeben,
> nicht wie der Fuchs die Trauben.
> *(Gottfried Keller)*

Ein Rückzug kann eine durchaus sinnvolle und positive Reaktion auf erlebte Hilflosigkeit, «Ausgebranntsein» und Distress darstellen. Massenbach (2000) geht davon aus, dass die innere Kündigung für viele nur ein Zwischenschritt auf dem Weg zu einer Neuorientierung ist. Somit stellt sie einen Ausweg zwischen dem «Ausbrennen» und der Hilflosigkeit dar und kann, eine «Zwangslage» vorausgesetzt, als «geglückte Anpassung» betrachtet werden (S. 148).

Verändert sich auf längere Sicht nichts an der Situation des innerlich gekündigten Arbeitnehmers, kann die innere Kündigung zum Dauerzustand werden. Abhängig von der Intensität, mit der die Betroffenen etwa zum unternehmerischen Denken und Handeln seitens der Vorgesetzten oder der Unternehmensleitung aufgerufen werden, kann sie sich sogar noch verschlimmern. Denn die dadurch geweckten Erwartungen an die Mitsprache der Mitarbeiter werden durch die unveränderte Situation enttäuscht.

Neben dem Aspekt der geglückten Anpassung hebt Massenbach (2000, S. 152) auch den der Ventilfunktion der inneren Kündigung hervor. Der erfolglose Umgang mit psychischen Belastungen am Arbeitsplatz würde sich seines Erachtens zur potentiellen Bedrohung entwickeln. Die Gültigkeit der Frustrations-Aggressions-Hypothese unterstellt, ergäbe sich ein erhebliches Aggressionspotential, das sich entladen müsste. Er schließt daraus: «Wenn es die Möglichkeit der inneren Kündigung nicht gäbe, müsste mit wesentlich mehr Aggression innerhalb der Organisation gegen Menschen und Material gerechnet werden, die aber nicht in jedem Fall die eigentliche Quelle von Belastung und Ärger treffen würde. Im Vergleich zur organisationalen Aggression … muss die innere Kündigung als das kleinere Übel betrachtet werden» (ebd., S. 152).

Negatives Involvement	Positives Involvement
←	→
Alienation (Entfremdung)	Commitment (Verpflichtung)
– innere Kündigung (–)	– Arbeitssucht (–)
– geglückte Anpassung (+)	– Arbeitsenthusiast (+)

Abb. 11: Positive und negative Sichten der Extremausprägungen des Kontinuums Involvement

Im Sinne einer geglückten Anpassung erbringt die innere Kündigung dem Betroffenen folgende Vorteile:

♦ *Der Kräftehaushalt wird geschont*
Mit dem Rückzugsverhalten hat der Kampf gegen die unbefriedigenden Bedingungen ein Ende. Die äußeren Wider-

stände werden hingenommen, der innerlich Gekündigte findet sich mit seiner Situation ab und passt sich an.

◆ *Das Selbstwertgefühl wird wiederhergestellt*
Empfindliche Verletzungen des Selbstwertgefühls, beispielsweise aufgrund von Fehlverhaltensweisen des Vorgesetzten, können oberflächlich «verheilen», da der Verzicht auf Engagement zumindest subjektiv Gerechtigkeit herstellt.

◆ *Innere Konflikte werden abgebaut*
Die Flucht in die innere Kündigung verschafft speziell den Personen wieder innere Freiheit, die aufgrund schlechter Konjunktur, fortgeschrittenen Alters oder persönlicher Bindungen an den Arbeitsort ohne Alternativen dastehen. Die gedankliche Spannung zwischen der Einsicht, etwas verändern zu müssen, und der Unmöglichkeit, tatsächlich etwas bewegen zu können, wird von den Betroffenen abgebaut.

Fallbeispiel: Die angestrebte Professur
Gerhard M., 52 Jahre alt, Dozent an einer Staatlichen Fachhochschule für Technik, studierte über den Zweiten Bildungsweg Soziologie. Er hatte nach der Hauptschule zunächst eine Lehre zum Maschinenschlosser absolviert, dann in den 1970er Jahren die Berufaufbauschule und anschließend das Technische Gymnasium besucht. Obwohl er bildungsmäßig auf der «technischen Schiene» war, entschloss er sich aufgrund seines parteipolitischen Engagements für das Soziologiestudium. Während seines Studiums lernte er seine Frau Sabine kennen, die Sport und Englisch studierte und heute als Fachleiterin für Englisch die Stelle einer Oberstudienrätin inne hat. Nach einer dreijährigen Assistentenzeit, in der er über soziologische Aspekte der technischen Revolution promovierte, schloss sich eine fünfjährige Tätigkeit in einem Marktforschungsinstitut an. Mit 39 Jahren bewarb er sich auf eine ausgeschriebene Dozentur für Techniksoziologie an der Hochschule, an der er heute tätig ist. Seine Bewerbung hatte Erfolg, er erhielt die Dozentur und wurde ins Angestelltenverhältnis übernommen. Obwohl er seine Tätigkeit als sehr befriedigend

empfand, war es seine Frau, die ihn drängte, die Position eines Professors anzustreben, da eine «Hausbewerbung» nach dem Fachhochschulgesetz für ihn möglich war. Zum einen erhielte er dann den Status eines Beamten, zum anderen verliehe ihm der «Professor» einen höheren Status. Obwohl M. die «Ochsentour» des Zweiten Bildungsweges hinter sich gebracht hatte, war er seinem Wesen nach kein sehr ehrgeiziger Mensch. Harmonie mit sich und seinem Umfeld war ihm wichtig. Diese Seite seiner Persönlichkeit war es allerdings auch, die ihn immer wieder dazu brachte, seiner Frau zuliebe Anstrengungen in Richtung einer Professur zu unternehmen. Bewerbungen an anderen Hochschulen kamen für ihn nicht in Frage, da sein Lebensmittelpunkt der Ort war, an dem sich seine Hochschule befand. Zudem hielten ihn die Stellung seiner Frau und das gebaute Haus, das noch nicht abbezahlt war, von einer Bewerbung andernorts ab. Mit den Jahren nahmen nicht nur seine Versuche zu, sich durch zusätzliche Aktivitäten wie das Organisieren von Foren und Großveranstaltungen für eine Professur zu empfehlen, sondern auch der Druck seiner Ehefrau. Dies hatte zur Folge, dass er sich in den letzten Jahren als «Getriebener» fühlte, für den es galt, «endlich Karriere zu machen». Für den unterschwelligen Spott seiner Kollegen brauchte er nicht zu sorgen. Sie machten sich intern, wenn er nicht anwesend war, oft genug lustig über den «Profilneurotiker», den man nicht ganz ernst nehmen durfte. Als schließlich eine Professur wegen des Ausscheidens eines Kollegen frei wurde, bewarb sich M. und nahm am Verfahren teil. Dabei ging er «felsenfest» davon aus, dass die Berufungskommission nicht an ihm «vorbeikäme», wie er sich gegenüber seiner Frau ausdrückte. Umso größer war die Enttäuschung, als er nicht einmal in den Kreis derer kam, die zu einem Vorstellungsgespräch eingeladen wurden. Schließlich entschied sich die Kommission für einen jungen Soziologen, der sowohl in der Forschung als auch in der Lehre ausgewiesen war.

Heute, ein Jahr nach der Stellenbesetzung, hat Gerhard M. seine Enttäuschung überwunden. Er hat sich an seine neue Situation angepasst und scheint auch froh, dem Zwang entronnen zu sein, Karriere machen zu müssen. Gegenüber einem guten Kollegen, dem er vertraut, gestand er: «Seitdem die Professur besetzt ist und ich weiß, dass ich in diesem Laden nichts mehr werden kann, fühle ich mich innerlich irgendwie befreit. Endlich hat das dauernde Marketing in eigener Sache ein Ende. Ich mache meine Arbeit mit den Studenten nach wie vor gerne, aber engagieren werde ich mich hier nicht mehr. Es hat zwar noch etwas Zeit, aber ich bereite mich langsam auf meinen dritten Lebensabschnitt vor, werde meine Hobbys intensivieren und mein Leben nach der Hochschule planen!»

Sein zusätzliches Engagement hat M. auf null zurückgefahren und seine Anwesenheit beschränkt sich auf die 16 Stunden Pflichtunterricht, die sein Lehrdeputat vorsieht. Seine Studenten sind sich einig darüber, dass Gerhard M. in den letzten Monaten «irgendwie lockerer» geworden sei.

Innere Kündigung – eine Strategie der Individualisierung betrieblicher Probleme durch Arbeitgeber?

> Unsere Leistungsgesellschaft ist nicht
> eine Gesellschaft, in der nur Leistung
> gilt, sondern eine, welche bestimmt,
> was Leistung ist und wer sie leisten darf.
> *(Gerd Uhlenbruck)*

Eine Integration von individueller und organisationaler Zugangsweise zum Phänomen der inneren Kündigung versucht der Ansatz von Nachbagauer & Riedl (1996). Dazu stellen die Autoren die Motivunterstellung und deren Bewertung vor dem Hintergrund der definierten Normen der Organisation in den Mittelpunkt ihrer Betrachtungen. Zentral ist dabei der klassische Prozess der Transformation des individuellen Arbeitsvermögens in *Arbeit*, den sie um die Umsetzung von Arbeitsvermögen in *Leistung* erweitern.

Der erste Vorgang umfasst die Motive des Einzelnen und die Möglichkeiten, sie über Anreizsysteme des Unternehmens in der Realität umzusetzen. Im zweiten Prozess geht es um die

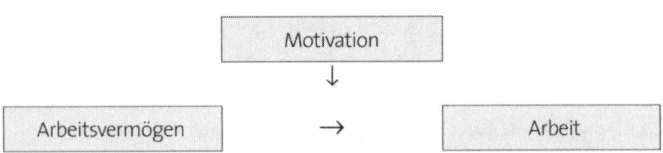

Abb. 12: Klassischer Arbeitsprozess (nach Nachbagauer & Riedl, 1996)

Bedeutung von Handlungen von Mitarbeitern, die Konsequenzen für den Betrieb haben und einer Bewertung unterliegen. Für beide Abläufe bildet das Normensystem der Organisation die Grundlage. Dieses hat seinerseits seine Wurzeln in den gesellschaftlichen Normen und Werten, Gesetzen und unternehmerischen Gepflogenheiten.

Ein erweitertes Modell ist um den Begriff der Leistung und deren Bewertung durch in der Organisation definierte Normen ergänzt (s. Abb. 13). Nach diesem Modell ist innere Kündigung eine Normabweichung Einzelner von «als wünschenswert und/oder empirisch häufigen Normen von Personalverantwortlichen» (Nachbagauer & Riedl, 1996, S. 7). Deren Vorstellungen haben den Rang eines Arbeitnehmer-

Abb. 13: Erweiterter Transformationsprozess nach Nachbagauer & Riedl (1996)

ideals, das als Maß für die mehr oder minder starke Abweichung individuellen Arbeitsverhaltens dient. Dadurch können auch engagierte Mitarbeiter Schwierigkeiten bekommen, da sie als leistungsfähig, aber auch als «überengagiert» oder «streberisch» etikettiert werden können. An diesem Abgleich setzt die Kritik der Autoren an den klassischen Vorstellungen der Entstehung innerer Kündigung an. Für sie ist eine Diagnose einer individuellen Leistungszurückhaltung erst möglich, wenn ein allgemein anerkannter Leistungsstandard vorliegt. Dieser Standard lässt sich jedoch kaum schaffen, da er einer exakten Leistungsbeobachtung und Leistungsfeststellung bedarf. Möglich wäre dies nur, wenn die Maßstäbe dafür beobachtbar, messbar und zuordenbar, umfassend und ohne Widerspruch wären (Nachbagauer & Riedl, ebenda).

Zuschreibungen können sowohl von Führungskräften oder Kollegen als auch von Personalverantwortlichen gemacht werden. Werden bestehende Ziel- oder Normvorgaben von Einzelnen nicht erreicht und diese als innerlich gekündigt etikettiert, kann es bei entsprechendem Interesse der «Zuschreiber» zur Androhung oder Anwendung von Sanktionen kommen. Auf diesem Wege können «Normalleister» schnell das Etikett des innerlich Gekündigten erhalten. Menschen, die ihr bisheriges Engagement «zurückfahren», hingegen gelten weiterhin als vorbildliche Mitarbeiter. Es kommt hierbei lediglich auf den Standpunkt und die verinnerlichten Normen des Beurteilenden an.

Dieser Ansatz zeigt, dass die innere Kündigung einerseits eine Strategie zur Handhabung unbefriedigender Arbeitsbedingungen für Mitarbeiter ist, andererseits aber auch ein bewusstes Vorgehen sein kann, um betriebliche Probleme durch Vorgesetzte, Kollegen oder Personalverantwortliche zu individualisieren. Die Zuschreibung einer Leistungszurückhaltung in Form der inneren Kündigung erfolgt somit nach dem Interesse des «Zuschreibers» und ist nicht nur eine Sache der Perspektive, sondern auch eine Frage der Norm- und Zielsetzungsmacht. Dabei liegt diese Macht nicht ausschließlich bei

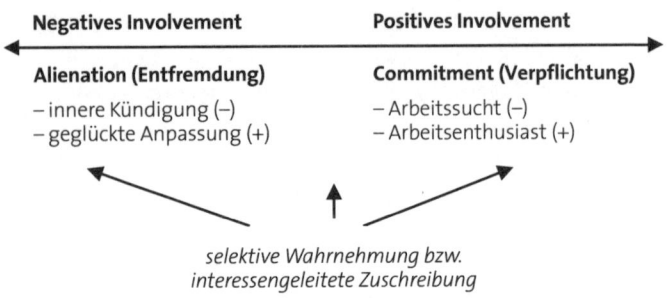

Abb. 14: Der Einfluss des individuellen Werte- und Normensystems auf die Wahrnehmung der Extremausprägungen des Kontinuums Involvement

den Vertretern des Unternehmens, beispielsweise der Geschäftsführung oder den Führungskräften. Vielmehr spielen auch ungeschriebene Normvorstellungen der Arbeitsgruppe, individuelle Ideen von Personalverantwortlichen sowie organisations- oder berufsspezifische Normen und Werte eine große Rolle. Diese Sachlage lässt vermuten, dass Personen in verschiedenen Tätigkeiten und mit unterschiedlichen Aufgaben jeweils aus anderen Faktoren auf das Vorhandensein einer inneren Kündigung schließen und diese Faktoren auch selektiv wahrnehmen. Das bisher verwendete Bild des Kontinuums lässt sich somit um das individuelle, die Wahrnehmung beeinflussende Werte- und Normensystem der Beobachter erweitern.

Fallbeispiel: Die «Rennliste»

Margot S., 47 Jahre alt, Bankkauffrau, seit neun Jahren im Service einer Sparkasse tätig, war bei ihren Kunden sehr beliebt. Zu ihren Aufgaben zählte neben der Schaltertätigkeit, Kunden auch bei einfachen Finanzprodukten zu beraten. Frau S. war es wichtig, eine gute Beziehung zu «ihren» Kunden zu haben, weshalb sie sich dort, wo sie es für nötig befand, in der Beratung mehr Zeit ließ, beispielsweise bei älteren Kunden. Die Kunden waren ihr dafür dankbar und suchten auch immer wieder den Kontakt zu ihr. Frau S. handelte im Umgang mit dem Kunden nach dem Motto «Qualität vor Quantität».

Im letzten Jahr begann die Bank eine «Vertriebsoffensive», was nichts anderes bedeutete, als dass die Filialleiter die Aufgabe bekamen, ihre Mitarbeiter dazu anzuhalten, den Verkauf von Finanzprodukten zu verstärken und alle verkauften Produkte zu notieren. In Zielvereinbarungsgesprächen wurden dazu die zu erreichenden Sollmengen an Sparverträgen, Lebensversicherungen usw. festgelegt. Blieben die Mitarbeiter im «Zielkorridor», erschienen Sie im monatlichen «Ranking», das per E-Mail auch an die anderen Kollegen und Kolleginnen versandt wurde, auf den oberen Plätzen. Fielen sie in der Rangreihe ab, hatte der Filialleiter die Aufgabe, in einem Gespräch nach der Ursache für den «Rückstand» zu forschen und auch seine Hilfe anzubieten. Die Mitarbeiter sprachen bereits nach dem ersten «Ranking» von der so genannten «Rennliste», die nun Konkurrenz im Kollegenkreis erzeugen würde. Margot S. ließ sich jedoch nicht durch die Vorgaben verunsichern und setzte weiter auf eine gute emotionale Beziehung zu ihren Kunden, da sich dies ihrer Ansicht nach auf längere Sicht eher auszahlte als ein kurzfristiges Umsatzdenken. Vor allem war sie der Ansicht, bei der im Schnitt eher betagten Kundschaft die favorisierten Produkte wie Lebensversicherungen, Alters- oder Unfallversicherungen überhaupt nicht verkaufen zu können.

Bereits nach zwei Monaten wurde sie zum Gespräch mit ihrem Vorgesetzten gebeten. Anlass war die unter der Norm liegende Zahl von Beratungen und verkauften Produkten, die Frau S. täglich in eine Übersicht einzutragen hatte. Diesen Umstand erklärte Margot S. ihrem Chef mit ihrer Sicht von Service und Beratung. Der Filialleiter ließ sich jedoch auf keine Diskussion ein und verlangte von seiner Kollegin die Einhaltung der «Schlagzahl», wie er sich ausdrückte. Aber auch die Folgemonate erbrachten keine grundlegende Veränderung in den Verkaufszahlen von Frau S. Gleichwohl arbeitete sie in der gleichen Intensität und mit der

gleichen Anerkennung seitens der Kunden. Der Filialleiter vermu-
tete nun eine Leistungsrückhaltung, also eine Art innerer Kündigung, da Margot S. bisher eine «gute Mitarbeiterin» war, wie er
sich gegenüber dem Vertriebsleiter der Sparkasse ausdrückte, bei
dem er Rat für den Umgang mit Frau S. nachsuchte. Da beide am
Ende ihrer Zusammenkunft zum Schluss kamen, dass eine Verhal-
tens- und Einstellungsänderung bei Frau S. nicht zu erwarten war,
beschlossen sie, dem Leiter der Abteilung Privatkunden, der letztendlich für die Filialen verantwortlich war, anzubieten, Frau S.
über die Personalabteilung abzumahnen.

Lösung: Für Klarheit bei den Leistungsnormen sorgen

Im Fall der Zuschreibung innerer Kündigung durch andere
sind präventive Maßnahmen seitens der Organisation nur auf
der Grundlage einer radikalen Transparenz der Leistungsnormen möglich. Dazu müssen unausgesprochene Leistungsidea-
le, die unter Umständen Bestandteil des psychologischen Ar-
beitsvertrags sind, aufgedeckt werden. Geht es um implizite
Normen auf Organisationsebene, sind die Mitarbeitervertre-
tungen wie Personal- oder Betriebsrat aufgerufen zu handeln.
Handelt es sich um unausgesprochene Leistungsnormen von
Führungskräften oder Arbeitsgruppen, sind Klärungen der gegenseitigen Erwartungen zwischen Mitarbeitern und Vorgesetzten bzw. mit den Kollegen im Team angebracht. Böswillige
Unterstellungen, die mit dem Anheften des Etiketts «innerlich
gekündigt» verbunden sind, müssen dagegen wie Mobbing
behandelt werden, indem die Absichten des Etikettierers aufgedeckt und Grenzen gesetzt werden.

Die Sicht der Arbeitszufriedenheitsforschung

«So still und so sinnig!
Es fehlt dir was, gesteh es frei!»
Zufrieden bin ich,
aber mir ist nicht wohl dabei.
(Johann Wolfgang von Goethe)

Kommt es im Rahmen der Arbeitstätigkeit zur erfolgreichen Erreichung von Zielen und am Ende der Handlungsausführung zu einer positiven Bewertung, stellt sich beim Menschen Arbeitszufriedenheit ein. Die Wahrscheinlichkeit, arbeitszufrieden zu sein, steigt in einer Arbeitssituation mit dem Grad, in dem die Anreize der Tätigkeit den eigenen Motiven entsprechen. Ein ausgeprägtes Motivierungspotenzial legt eine motivspezifische Zielerreichung nahe. Damit ähneln sich Arbeitsmotivation und Arbeitszufriedenheit sehr stark und Letztere kann auch als eine Funktion der Ersteren verstanden werden. Arbeitszufriedenheitstheorien sind ihrem Aufbau nach vor allem motivationale Theorien (vgl. Six & Kleinbeck, 1989, S. 348 ff.). In der Literatur findet sich allerdings kein einheitliches Verständnis des Begriffs Arbeitszufriedenheit, vielmehr wird er in recht unterschiedlicher Weise verwendet.

Einen wichtigen Forschungsbeitrag hat Agnes Bruggemann geleistet (Bruggemann, Groskurth & Ulich, 1975). Sie definiert Arbeitszufriedenheit als eine Funktion des Anspruchsniveaus. In ihrem dynamischen Modell stellt sie die Interaktion von Person und Situation in den Mittelpunkt ihrer Betrachtungen. Arbeitszufriedenheit ist das Resultat von gedanklichen Informationsverarbeitungsprozessen. Folgende Prozesse kommen dabei zum Tragen:

1. Ein Soll-Ist-Vergleich zwischen den Erwartungen des Mitarbeiters und dem Erfüllungsgrad der Bedürfnisse und damit einer Befriedigung bzw. Nicht-Befriedigung dieser Bedürfnisse.

2. Veränderung oder Aufrechterhaltung des Anspruchsniveaus als Folge von Befriedigung oder Nicht-Befriedigung der Bedürfnisse.

3. Bei Nichtbefriedigung von Bedürfnissen oder Erwartungen aufkommende Veränderungsbemühungen mit den Ausgängen Problemlösung, Problemfixierung, Problemverdrängung.

Bruggemann geht in ihrem dynamischen Modell, das eine Zeitachse besitzt, davon aus, dass sich situationsspezifische Erwartungen und Bedürfnisse bei Mitarbeitern herausbilden, wenn diese erfahren, inwieweit Tätigkeitsmerkmale ihre allgemeinen individuellen Bedürfnisse befriedigen. Hieraus ergeben sich für deren Befriedigung Soll-Werte, die mehr oder weniger bewusst sind. Die faktisch gegebenen Befriedigungsbedingungen stellen die Ist-Werte dar. Ein Vergleich zwischen Soll- und Ist-Werten führt zu einer Bewertung des Quotienten auf einer Skala «befriedigend» bis «unbefriedigend» und vice versa (Bruggemann, Groskurth & Ulich, ebd., S. 132).

Überschreiten oder erreichen die Ist-Werte die Soll-Werte, resultieren zwei Typen von Arbeitszufriedenheit als Zwischenstufen.

Ist die Differenz gering, entsteht *stabilisierende Arbeitszufriedenheit*, ist sie hoch, *diffuse Unzufriedenheit*. Wird der Soll-Wert erhöht, der die Funktion des Anspruchsniveaus erfüllt und die dynamische Komponente des Modells darstellt, resultiert daraus *progressive Zufriedenheit*. Sie beinhaltet die Bereitschaft, Verbesserungen herbeiführen zu wollen. Ob es hierzu kommt, hängt auch von der Frustrationstoleranz der Betroffenen ab, also der «Fähigkeit eines Individuums, einer frustrierenden Situation zu widerstehen, ohne die so genannten objektiven Tatsachen der Lebenssituation zu verzerren» (Rosenzweig, 1938). Wird das Anspruchsniveau unverändert beibehalten, kommt es zur *stabilisierten Arbeitszufriedenheit*. Wenn die Arbeitssituation hinter den Ansprüchen zurückbleibt, findet eine Entscheidung des Individuums darüber statt, ob es das Anspruchsniveau beibehält oder senkt (diffuse Arbeitszufriedenheit). Besteht keine oder nur wenig Aussicht auf eine erfolgreiche aktive Bewältigung, wird das Anspruchsniveau gesenkt. Dadurch reduziert sich die Ist-Soll-Diskrepanz und *resignative Arbeitszufriedenheit* etabliert sich. *Pseudo-Arbeitszufriedenheit* entsteht dagegen auf dem umgekehrten Weg: Das Anspruchsniveau wird beibehalten, aber der Ist-Wert wird gesenkt. Dies geschieht durch eine Verzerrung der Situationswahrnehmung. Unbefriedigende Arbeitsbedingungen werden dann verfälscht, indem sie durch eine «rosarote Brille» betrachtet werden. Die letzten beiden Formen führen nach dem Modell von Bruggemann in die Arbeits*un*zufriedenheit. Unternimmt die Person trotz einer Ist-Soll-Diskrepanz keine neuen Problemlösungsversuche, kommt es zur *fixierten Arbeitsunzufriedenheit.* Konstruktive Arbeitsunzufriedenheit ist durch neue Problemlösungsversuche des Individuums gekennzeichnet, die sich auf eine Veränderung der Arbeitssituation richten. Kommt es zu Veränderungen von Situation, Wahrnehmung oder Erwartungen, beginnt der Regelkreislauf des Modells von vorn und ein neuer Zyklus wird durchlaufen.

Zwar trägt das Modell zum besseren Verständnis der Arbeitszufriedenheit bei, jedoch klärt es nicht darüber auf, welche Bedingungen erfüllt sein müssen, damit es zu Veränderungen des Anspruchsniveaus kommt und wie Problemlösungsstrategien gewählt werden. Das Bruggemann-Modell ist von heuristischem Wert, da empirische Studien zu den Zufriedenheitstypen bisher nur einige Typen des Modells nachweisen konnten (vgl. Semmer & Udris, 1993, S. 133 ff.).

Hilb (1992) verändert das Modell von Bruggemann und kommt zu folgender Darstellung:

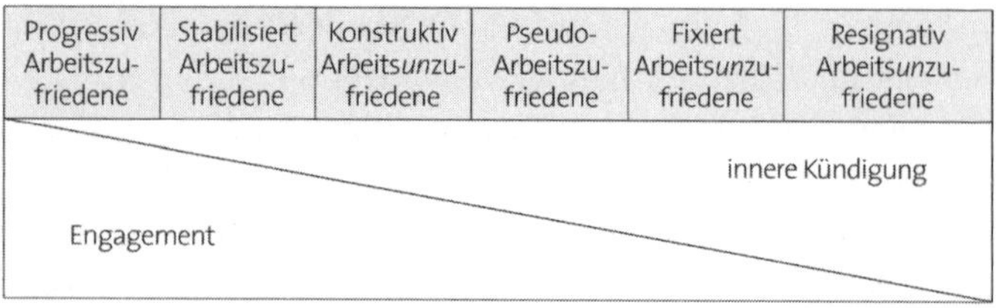

Progressiv Arbeitszu-friedene	Stabilisiert Arbeitszu-friedene	Konstruktiv Arbeits*un*zu-friedene	Pseudo-Arbeitszu-friedene	Fixiert Arbeits*un*zu-friedene	Resignativ Arbeits*un*zu-friedene

innere Kündigung

Engagement

Abb. 15: **Zuordnung von Engagement und innerer Kündigung zu den Typen des Bruggemann-Modells nach Hilb (1992, S. 61)**

Wie die Darstellung verdeutlicht, existiert ein Kontinuum, an dessen jeweiligem Ende ausgeprägtes Engagement bzw. die innere Kündigung stehen. Innerlich Gekündigte finden sich nach Hilb vor allem in den Bruggemann'schen Kategorien

* fixiert Arbeits*un*zufriedener,
* Pseudo-Arbeitszufriedener,
* resignativ Arbeits*un*zufriedener.

Engagierte Mitarbeiter und Personen, die aktiv Veränderungen anstreben, sind hingegen den folgenden Kategorien zuzuordnen:

* progressiv Arbeitszufriedener,
* stabilisiert Arbeitszufriedener,
* konstruktiv Arbeits*un*zufriedener.

Damit macht auch Hilb (1992, S. 60) auf die Möglichkeit aufmerksam, innere Kündigung als ein Konstrukt zu betrachten, das unterschiedliche Ausprägungen annehmen kann. Unter der Voraussetzung, dass hohe Involviertheit das Gegenteil von innerer Kündigung in ihrer Extremform ist, müssten extrem involvierte Menschen auch hoch arbeitszufrieden sein. In den Bruggemann'schen Kategorien müssten sie zu den progressiv Arbeitszufriedenen gehören. Da es bisher keine eindeutige empirische Klärung des Zusammenhangs zwischen Arbeitszufriedenheit und Involvement gibt, ist durchaus die Existenz von Organisationsmitgliedern denkbar, die sehr arbeitszufrieden, aber psychologisch nicht in die Arbeit oder Aufgabe eingebunden sind, also Distanz zu ihrer Tätigkeit aufweisen. Umgekehrt ist es möglich, dass hoch involvierte Mitarbeiter gleichzeitig auch unzufrieden sein können. Wenn aber Distanz ein wesentliches Kriterium der inneren Kündigung ist, dann kann die Taxonomie nach Hilb nicht identisch mit dem sein, was unter innerer Kündigung verstanden wird. Gleichwohl ist die Logik, die aus den Erkenntnissen der Involvement-Forschung spricht, für die hier vertretende Sichtweise der inneren Kündigung relevant. Denn ein hoch involvierter Mensch mit der negativen Ausprägung der «Arbeitssucht» kann durchaus mit seiner Arbeitssituation unzufrieden sein, weil er unter seinem Arbeitsdrang wie andere Süchtige leidet, während der «Arbeitsenthusiast», der auch bewusst Auszeiten einlegen kann, mit seiner Arbeit zufrieden ist. Genau so verhält es sich mit niedrigem Involvement. In der Negativausprägung findet sich der innerlich Gekündigte, der mit seiner Tätigkeit gleichfalls unzufrieden ist. Der Mensch, der sich arrangiert, also «glücklich angepasst» hat, ist unter Umständen mit seiner Situation zufrieden, da für ihn nun innere Konflikte wegfallen.

Für Porter & Lawler (1968, S. 23 ff.) verläuft der Zusammenhang von Arbeitszufriedenheit und Engagement mit entsprechender Leistung in anderer Richtung. Nicht Arbeitszufriedenheit führt für sie zu mehr Engagement und entsprechender Leistung, sondern Leistungserbringung zeitigt mehr Arbeitszufriedenheit. Damit ist das leistungsbezogene Engagement Ausgangspunkt des Wirkzusammenhangs. Der individuelle Bewertungsvorgang am Ende einer Handlung, beispielsweise das Empfinden von Stolz oder Befriedigung über das Erreichte, wird zum Ausgangspunkt für künftiges Handeln. Somit führt Leistung zu Zufriedenheit und diese zur Motivation, sich zukünftig wieder zu engagieren.

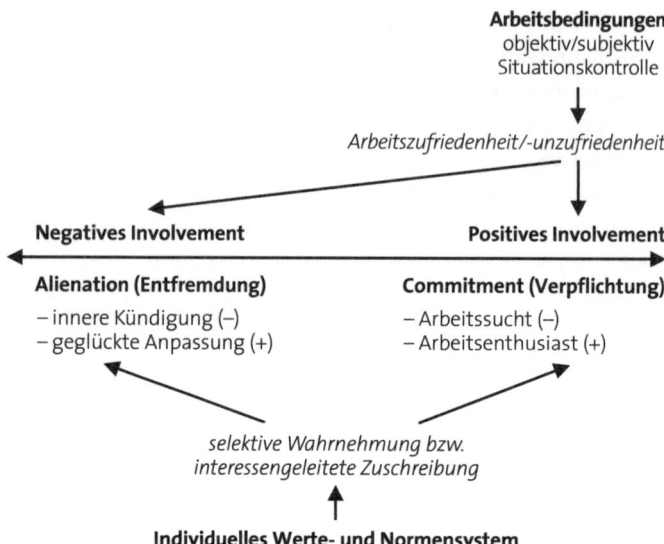

Abb. 16: Arbeitsbedingungen und Extremausprägungen des Kontinuums

Arbeits*un*zufriedenheit wächst nach obiger Definition mit der Differenz zwischen Soll- und Ist-Wert. Sie löst bei handlungsorientierten Menschen die Suche nach Handlungsalternativen aus, um Arbeitszufriedenheit wiederherzustellen.

Faller (1993, S. 132) beschreibt folgende vier Klassen von Alternativhandlungen für arbeits*un*zufriedene Personen:

♦ das Arbeitsverhältnis kündigen;
♦ bei Verbleib den Versuch starten, Verbesserungen herbeizuführen;
♦ vermehrten Leistungseinsatz zeigen;
♦ leistungsfremdes Verhalten.

Damit kann Unzufriedenheit sowohl zu Leistungssteigerung als auch zu Leistungsrestriktion führen. Mit Blick auf die innere Kündigung könnte leistungsfremdes Verhalten, wie zum

Beispiel Bummeln am Schreibtisch oder ausgedehnte private Telefonate während der Arbeitszeit, als typische Reaktion verstanden werden.

Unsere eigene Untersuchung ergibt für den Zusammenhang von innerer Kündigung und Arbeitszufriedenheit, dass Personen mit einem hohen Wert auf einer Skala für die innere Kündigung auf Skalen zur Arbeitszufriedenheit niedrige Werte aufwiesen, und umgekehrt. Damit wird die Annahme eines negativen Zusammenhangs zwischen Arbeitszufriedenheit und innerer Kündigung bestätigt. Das Ergebnis lässt allerdings offen, ob eine mangelhafte Arbeitszufriedenheit höhere Werte für eine innere Kündigung provoziert oder mehr Leistungserbringung zu höherer Arbeitszufriedenheit führt. Damit ergibt sich die Frage, ob die innere Kündigung eine niedrigere Arbeitszufriedenheit generiert oder eine mehr oder minder zwangsläufige Folge von Arbeits*un*zufriedenheit ist.

Einen deutlich positiven statistischen Zusammenhang ergeben die erhobenen Daten für den subjektiv empfundenen *Handlungsspielraum* bei der Arbeit und der *Arbeitszufriedenheit*. Je enger der vorhandene Handlungsspielraum empfunden wurde, desto niedriger war die Arbeitszufriedenheit ausgeprägt. Hier geht wohl der zu geringe Handlungsspielraum der Arbeits*un*zufriedenheit voraus.

Die erste Kombination führt zu *Abwanderung*, die zweite zu *Widerspruch* bzw. *Re-Engagement*, drei und vier entsprechen der aktiven bzw. passiven *inneren Kündigung*, wobei die Kombination vier in Richtung *Burnout* tendiert.

Die von uns erhobenen Daten lassen eine weitere Kombination zu, die durch *Lageorientierung* und *hohe Situationskontrolle* gekennzeichnet ist. Personen, die in diese Kategorie gehören, sind eher lageorientiert und hätten die Chance, die Arbeitssituation zu beeinflussen, nutzen diese aber nicht. Erklärbar ist dies zum einen allein schon durch das Persönlichkeitsmerkmal der Lageorientierung, die die betroffenen Personen vom Handeln abhalten kann. Eine weitere Erklärung

Reaktanztheorie von J. W. Brehm (1972)

Reaktanz ist eine reaktive Verhaltensweise, die im Prozess der Bewältigung von Hindernissen eine wichtige Rolle spielt. Unter Reaktanz wird der Widerstand verstanden, den ein Mensch gegenüber auf ihn ausgeübten Druck zeigt, insbesondere dann, wenn seine Wahl zwischen Handlungsalternativen eingeengt wird. Dies kommt einer Einschränkung von Autonomie gleich (Massenbach, 2000, S. 113). Reaktanz stellt eine erhöhte Bereitschaft dar, Handlungen zu wählen, die hilfreich sind, wieder Kontrolle über eine Situation zu erlangen.

Wird Unkontrollierbarkeit wahrgenommen, so die Theorie, reagiert eine Person zunächst nicht hilflos, sondern mit Reaktanz (vgl. Heckhausen, 1982, S. 191). Sowohl die Reaktanztheorie als auch die Theorie der erlernten Hilflosigkeit beschreiben die Folgen von Kontrollverlust, kommen aber zu entgegengesetzten Aussagen. Hilflosigkeit tritt dann auf, wenn sich eine Erwartung etabliert hat, auch künftig bei Kontrollverlusten keinen Einfluss darauf zu haben. Dagegen kommt Reaktanz zum Tragen, wenn nach der Erfahrung von Kontrollverlust die Zuversicht besteht, die Kontrolle wiederzuerlangen. Die Stärke der Reaktanz- wie auch der Hilflosigkeitseffekte hängen nach Wortman & Brehm von der subjektiven Wichtigkeit der unkontrollierbaren Situation ab (Wortman & Brehm, 1975). Bei wenig Einschränkung der Kontrolle ist der Grad von Reaktanz größer, wenn das zu erreichende Ziel für das Individuum bedeutsam ist. Identisches gilt für die Hilflosigkeit, wenn große Einschränkungen der Kontrollierbarkeit vorliegen. Hier ist die Intensität desto größer, je wichtiger die verhinderte Intention ist (Massenbach, 2000, S. 113). Dies gilt analog für den umgekehrten Fall. Ist das Ziel weniger bedeutsam, nimmt der Grad der Reaktanz respektive Hilflosigkeit ab.

Die gewählte Handlungs- bzw. Verhaltensweise hängt von der jeweiligen Kombination von *Situationskontrolle* und *Handlungsorientierung* ab:

1. Personen mit ausgeprägter *Handlungsorientierung*, die beispielsweise eine günstige Arbeitsmarktlage vorfinden, tendieren dazu, die formale Kündigung einzureichen und sich einen neuen Arbeitsplatz zu suchen.

2. Personen mit ausgeprägter *Handlungsorientierung*, die die Möglichkeit haben, unbefriedigende Arbeitsbedingungen ändern zu können, neigen dazu, Verbesserungen in Angriff zu nehmen, Widerstand zu zeigen und sich neu zu engagieren.

3. Eher *handlungsorientierte* Personen neigen bei nur geringen Möglichkeiten, ihre unbefriedigende Arbeitssituation zu verän-

dern, zu bewusstem Handlungsverzicht, zur Leistungsrücknahme und schließlich zur inneren Kündigung.

4. Tendenziell *lageorientierte* Personen reagieren bei *niedriger* Einflussmöglichkeit mit Hilflosigkeit und Resignation.

liegt in der Interpretation und Bewertung von Handlungsergebnissen durch Individuen, die die Motivation für eine zukünftige Handlungsplanung sowie die Einschätzung des Ausmaßes der subjektiven Situationskontrolle am Arbeitsplatz beeinflussen. Diesen Schluss legen die Resultate einer statistischen Clusteranalyse nahe, die zeigt, dass vor allem Personen mit der Tendenz, Misserfolge zu meiden, zu dieser Kategorie zählen. Machen misserfolgsängstliche Personen die Erfahrung, Situationen nur unzureichend beeinflussen zu können, kann sich in einer Wechselwirkung mit der Tendenz zur Misserfolgsmeidung eine generalisierte Erwartung herausbilden, künftig auch solche Situationen nicht kontrollieren zu können. Situationen, die eine objektive Kontrollierbarkeit bieten, werden dann nicht mehr als solche wahrgenommen oder wegen eines drohenden Misserfolgs nicht genutzt.

Lösung: Wie «wahr» ist Wahrnehmung?

> Man wird nie betrogen, man betrügt sich selbst.
> *(Johann Wolfgang von Goethe,*
> *Maximen und Reflexionen)*

Realität besteht nicht unabhängig vom Wahrnehmenden, Individuen beeinflussen sie und geben ihr einen Sinn. Unter Umständen ist der konstruierte Bedeutungsgehalt nur für den Wahrnehmenden selbst sinnvoll. Daher ist es müßig zu fragen, ob die Welt außerhalb von wahrnehmenden Personen wirklich und objektiv ist. Ausschließlich diese subjektive Wirklichkeit ist für den Menschen «wahr» – und nach ihr richtet er sein Handeln.

1. Unbehagen bewusst wahrnehmen

Viele Menschen nehmen ein Abweichen ihrer Erwartungen von der betrieblichen Realität häufig gar nicht bewusst wahr. Vielmehr haben sie ein diffuses Gefühl, dass irgendetwas «nicht passt». Sie sind sich noch gar nicht im Klaren darüber, was nicht stimmt. Eine der wesentlichen Grundlagen für eine Klärung ist daher die Wahrnehmung dessen, was in der Arbeit gut und was schlecht läuft. Es gilt, aufmerksam zu sein, welche Sache, Situation oder Person Unbehagen auslöst. Gleichwohl ist eine unbeeinflusste Wahrnehmung kaum möglich, weshalb auf die psychischen Mechanismen zu achten ist, mit denen Menschen die Wirklichkeit so konstruieren, dass sie ihren Hoffnungen oder Vorurteilen entspricht.

Selbstreflexion

Eine Möglichkeit, sich selbst über ein mögliches Unbehagen klar zu werden, besteht darin, Positives und Negatives im Arbeitsalltag zu notieren. Benötigt wird ein Blatt Papier, das mit zwei Spalten versehen wird. Die Spalten werden überschrieben mit: «Was läuft gut bei der Arbeit?» und «Was läuft schlecht bei der Arbeit?». Anschließend sind die Spalten mit den positiven und negativen Aspekten der Tätigkeit zu füllen. Schließlich gilt es, Bilanz zu ziehen und zu sehen, was überwiegt.

2. Selbstbild und Wahrnehmung

Bei der Konstruktion der Realität spielt auch das individuelle Selbstbild eine große Rolle. Es umfasst sowohl das Bild, das ein Mensch von sich selbst hat, das so genannte Eigenbild, als auch das Bild, das andere von ihm haben, das so genannte Fremdbild. Das Selbstbild unterliegt daher vielen Störmechanismen, weshalb Rückmeldungen anderer Personen es formen und verändern. Reaktionen der Mitmenschen verstärken das bereits vorhandene Eigenbild oder zwingen zur Überprüfung des Selbstbildes. Erfährt ein Mensch wiederholt, dass sein Chef seine Vorschläge mit einer abfälligen Handbewegung abtut, wird dies Einfluss auf sein Eigenbild haben. Es taucht dann möglicherweise die Einsicht auf, nicht die wichtige und vom Vorgesetzten geschätzte Person zu sein, für die sich der Mitarbeiter bisher gehalten hat. Menschen sind in unterschiedlichem Maße bereit, Rückmeldungen ins Eigenbild zu übernehmen. Allerdings zeigt sich bei vielen Menschen die Tendenz, dies eher zu tun, wenn es sich um ein negatives Feedback handelt. Im zwischenmenschlichen Bereich steht die Selbsteinschätzung stets auf dem Spiel, weshalb immer um Bestätigung und Zustimmung geworben wird. Die Suche nach Bestätigung des Eigenbildes kann dazu führen, dass unbewusst bestimmte Aufgaben bevorzugt oder Kontakte zu Menschen gesucht werden, durch die Individuen bestätigende Rückmeldungen erhalten. Durch diese Selektion von Tätigkeiten und Kontakten kann sich ein Selbstbild festsetzen, das sowohl im Positiven als auch im Negativen einseitig ist. Dieses spezifische Selbstbild beeinflusst wiederum die Art und Weise, wie jemand an Aufgaben, Situationen und Herausforderungen herangeht und wie er andere Menschen wahrnimmt.

3. Kein Selbstbetrug

Eine Vielzahl von unbewussten Abwehrmechanismen steht bereit, um Gefährdungen des Selbstbildes abzuwenden. Eine wichtige Funktion erfüllen dabei die Wahrnehmungsfilter.

Die wichtigsten Wahrnehmungsfilter
Es wird nichts so heiß gegessen, wie es gekocht wird!
Diese Redewendung steht für Bagatellisieren, Verharmlosung und Herunterspielen. Als Stressbewältigungsstrategie ist sie manchmal durchaus hilfreich, etwa vor Prüfungen, um die psychische Belastung nicht zu groß werden zu lassen. Freilich

kann das zu häufige Herunterspielen aber auch eine realistische Wahrnehmung der konkreten Situation stark beeinträchtigen.

Ich weiß gar nicht, was du meinst!

Den Impuls, zunächst unterschwellig wahrgenommenes Unbehagen zu blockieren, damit es nicht ins Bewusstsein dringt und damit erkannt und verstanden werden kann, bezeichnet die Psychologie als Verdrängung. Dieser Vorgang, den der Begründer der Psychoanalyse, Sigmund Freud, beschrieben hat, ist ein Prozess, mit dem sich ein Individuum innerlich wehrt, Realitäten anzuerkennen.

Eigentlich bin ich mit meiner Arbeit ganz zufrieden!

Pseudo-Arbeitszufriedenheit, wie sie von Bruggemann (Bruggemann, Groskurth & Ulich, 1975) beschrieben wird, etabliert sich dann, wenn unbefriedigende Arbeitsbedingungen verfälscht, gleichsam durch eine «rosarote Brille» wahrgenommen werden. Dies geschieht dann, wenn eine Person die Unmöglichkeit einer Veränderung erkennt oder wenn die Wahrnehmung nicht zum Selbst- oder Eigenbild passt.

In einen anderen Rahmen setzen

Bestimmte Dinge, die eine Person aufgrund von Verdrängung unbewusst nicht wahrnehmen will, werden nur verzerrt wahrgenommen oder in einen neuen Rahmen gesetzt, also umgedeutet. Aus einem halb leeren Glas wird dann ein halb volles. Das Umdeuten des Kontextes hilft dabei, die äußeren Bedingungen den eigenen Gefühlen, Erwartungen und dem Selbstbild anzupassen. So wird das Nichtzustandekommen der erhofften Beförderung als glückliche Fügung interpretiert, da man ja sowieso keine Verantwortung übernehmen wollte. Aber auch Dinge, auf die man bisher größeren Wert gelegt hat, etwa der Handlungsspielraum bei der Arbeit, werden als weniger bedeutsam eingestuft, da sie im Betrieb nicht ausgelebt werden können.

Selektive Wahrnehmung

Die menschlichen Sinne sind eigentlich auf Auswahl angelegt. Dies geschieht zum Selbstschutz, um aus den vielen Eindrücken, denen Menschen ausgesetzt sind, die wesentlichen zu selektieren. Dies hat aber auch Nachteile, nämlich, dass nur das gesehen und gehört wird, was Menschen sehen und hören wollen. So kommt es dazu, dass nur Details wahrgenommen und aus ihnen jene Schlüsse gezogen werden, die zum individuellen Selbstbild, dem Denken oder der berufsspezifischen Wahrnehmung passen.

Problemlösungskompetenz – von der Emotion zum Handeln

> Was manche Leute sich selbst
> vormachen, das macht ihnen
> so schnell keiner nach.
> *(Gerd Uhlenbruck)*

Versuchen Sie zuallererst, Ihre Wahrnehmungsfilter zu erkennen und zu durchbrechen, indem Sie z. B. auf Hinweise von Kollegen hören, die Situationen anders wahrnehmen und interpretieren als Sie selbst. Achten Sie auf innere Spannungen und Konflikte im beruflichen Umfeld und schieben Sie diese nicht zur Seite, auch wenn es nicht leicht fällt.

Gehen Sie die wahrgenommenen Diskrepanzen in Ihrem Arbeitsumfeld am besten nach dem klassischen Problemlösungsschema an. Das bedeutet:

♦ Definieren Sie die Abweichungen von Ihren Erwartungen zur wahrgenommenen beruflichen Realität genau. Tun Sie stattdessen weiterhin das, was Sie immer getan haben, werden Sie auch weiterhin das erhalten, was Sie immer erhalten haben. Überlegen Sie auch, welche eigenen Anteile Sie an der unbefriedigenden Situation haben. Entwerfen Sie dazu Bilder des Idealzustandes, die Ihre Erwartungen widerspiegeln.

- Treffen Sie eine Entscheidung darüber, was Sie tun können und wollen. Wenn es keine Chance zur Veränderung der Situation gibt, denken Sie auch darüber nach, ob eine äußere Kündigung nicht sinnvoll wäre.
- Legen Sie Ihr Vorgehen fest, d. h. die Wege, Mittel oder Verhaltensweisen, die Sie benötigen, um Ihre berufliche Situation zu verändern. Vielleicht müssen Sie dazu den ersten Schritt tun und auf ihren Vorgesetzten oder Ihre Kollegen zugehen.
- Durchdenken Sie zur Vermeidung einer Verschlimmerung der Situation Ihr Vorgehen («Was geschähe, wenn …?»), um mögliche Hindernisse vorausschauend zu kontrollieren.

Aufgabe:
Mit nachfolgenden Fragen kann man eine Strategie zur Problemlösung bewerten, um anschließend festzulegen, welche umgesetzt werden soll:

1. Inwieweit habe ich **Kontrolle** über meine unbefriedigende Arbeitssituation?

    _____

    _____

2. Habe ich die notwendigen **Mittel**, um meine Situation zu verändern?

    _____

    _____

3. In welchem **Umfang** werden meine Bemühungen (möglicherweise) eine Veränderung meiner beruflichen Situation herbeiführen?

    _____

    _____

4. Besteht die Gefahr der Behinderung meines Vorhabens durch bestimmte **betriebliche Bedingungen**? Und wenn ja, kann ich diese minimieren?

_____

_____

5. Wird meine Lösungsstrategie bei meinem Vorgesetzten und meinen Kollegen **Akzeptanz** finden?

_____

_____

5. Unsere Fallbeispiele und weitere Lösungsansätze

> Dies ist die riesige moderne Irrlehre:
> die Menschenseele zu ändern, um
> sie den Verhältnissen anzupassen,
> anstatt die Verhältnisse zu ändern,
> um sie der Menschenseele anzupassen.
> *(Gilbert K. Chesterton)*

Kehren wir zum Schluss noch einmal zu den Fällen zurück, die wir am Anfang des Buches geschildert haben, zu Karl, dem Sachbearbeiter, und Susanne, der Bankkauffrau. Stellen wir uns die Frage, welche Möglichkeiten es angesichts der im Buch beschriebenen «Lösungen und Auswege» für die beiden Personen gibt.

Fallbeispiel Karl

Zunächst der Fall von Karl, der sich auf einem Seminar als innerlich gekündigt outet:

- ◆ Karl beschreibt seine motivationale Lage in seinem kurzen Statement im Seminar als desolat.
- ◆ Er macht deutlich, dass er «Dienst nach Vorschrift» macht.
- ◆ Er investiert seine psychische Energie lieber in die Freizeit als in berufliche Aktivitäten.
- ◆ Seine implizit gelieferte Diagnose für seine Situation:
  - ○ er erhält keine Anerkennung für geleisteten beruflichen Einsatz,
  - ○ er verfügt über wenig (keinen?) Entscheidungsspielraum, und

○ er erlebt das Verhalten seines Vorgesetzten als willkürliche Kontrolle.

♦ Das Führungsverhalten seines Chefs empfindet er als aufgesetzt und nicht partizipativ.

♦ Er ist über seinen Vorgesetzten enttäuscht, weil dieser seine Ideen und Vorschläge nicht berücksichtigt.

♦ Eine Kündigung schließt er aus, da er «eine gesicherte Position im Öffentlichen Dienst» hat und sich durch seine Familie und den Hausbau an seine Tätigkeit gefesselt fühlt.

Welche Chance hat Karl, seine eigene Lage zu verbessern? Mit Blick auf die von ihm diagnostizierte berufliche Situation hat er die Möglichkeit, sein eigenes Verhalten, die Arbeitssituation und organisationale Bedingungen unter die Lupe zu nehmen, um Ansatzpunkte für eine Veränderung zu finden. Dies geschieht am besten mit Unterstützung anderer. Ein sensibler Seminarleiter würde vermutlich Karls Ausspruch zum Anlass nehmen, ihm Unterstützung anzubieten, insbesondere wenn sich das Seminar mit dem Thema Motivation beschäftigt. Die Analyse des *Personenfaktors* sollte Karls Vision einer besseren beruflichen Zukunft beinhalten und sich auf seine beruflichen Ziele, Erwartungen, Wünsche sowie seine Fähigkeiten und Fertigkeiten beziehen. Hierzu sind die von uns empfohlenen Checklisten und Reflexionshilfen in einer Selbstanalyse einsetzbar. Gerade die Selbstanalyse ist ein wichtiges Element im Reflexionsprozess und sollte – in diesem Fall vom Seminarleiter – unbedingt eingefordert werden, da die meisten Menschen so gut wie keine beruflichen Standortbestimmungen vornehmen. Erst das gründliche Nachdenken über die eigene berufliche Situation eröffnet Alternativen.

Bei der Analyse des *Situationsfaktors* ist es ratsam, die gesamten Umfeldbedingungen der Tätigkeit Karls zu betrachten. Schwerpunkt wird die Person des Vorgesetzten und dessen Verhaltensweisen sein. Dabei ist zu fragen, welche Aspekte seines Verhaltens in seinem Führungsauftrag begründet sind und deshalb von ihm gezeigt werden müssen und welche auf «blinden Flecken» beruhen. Letztere könnten durch gezielte Rückmeldung, insbesondere von Seiten Karls, verändert werden. Zu klären ist aber auch, wo wirkliche Mängel an Führungswissen und -können bei seinem Chef zu vermuten sind, die durch Schulung oder Coaching eine Änderung erfahren könnten.

Schließlich gilt es, die *Organisationskomponente* zu betrachten, also nach dem Einfluss von Unternehmenszielen, Strukturen, Abläufen, Betriebsklima und Führungskultur auf die Ausführung von Karls Tätigkeit zu fragen.

Im zweiten Schritt sind Überlegungen zu Veränderungsstrategien durchzuführen. Auch hier ist ein «Sparringspartner» hilfreich, der Ansätze hinterfragt, Tipps gibt und Gesprächssituationen eventuell im Rollenspiel übt.

An erster Stelle der «Maßnahmen» steht mit Sicherheit das Gespräch mit dem Vorgesetzen. Hierzu sollte sich Karl einen «Gesprächsfahrplan» zurechtlegen, der ihm hilft, Vorwürfe zu vermeiden und emotional kontrolliert zu argumentieren. Ein Rollenspiel, in dem dieses Vorgehen geübt wird, kann Karl die notwendige Sicherheit dafür geben. Zunächst muss Karl im Dialog mit seinem Vorgesetzten sein subjektiv erlebtes Führungsverhalten schildern und bewerten. Natürlich begründet er seine Bewertungen und gibt anschauliche Beispiele. Dabei darf er seine Führungskraft nicht in eine Rechtfertigungshaltung bringen, sondern sollte vielmehr durch «Ich-Botschaften» *seine* Betroffenheit signalisieren. Dadurch «blockiert» der Vorgesetzte nicht, sondern bleibt für gute Argument offen (siehe «Regeln», S. 198). Als Nächstes sollte Karl um ein Feedback *seines* Leistungsverhaltens und der Wahrnehmung bitten, die sein Vorgesetzter von ihm hat. Dies kann ihm dabei helfen, das Verhalten des Vorgesetzten besser zu verstehen und seine «blinden Flecken» kennen zu lernen. Es gilt die Regel: Je besser die Kenntnis der eigenen Person, desto realistischer die Einschätzung der eigenen Leistungsfähigkeit und der eigenen Möglichkeiten. Dieses Feedback kann Karl schließlich nutzen, um seine Vorstellungen von der zukünftigen Zusammenarbeit zu artikulieren und bestimmte Verhaltensweisen, die sein Chef an ihm wahrnimmt, zu erklären.

Wenn Karl das Gefühl hat, dass das Gespräch positiv verläuft, sollte er noch die in der Analyse herausgearbeiteten Punkte des «Organisationsfaktors» zur Sprache bringen und gemeinsam mit seinem Gesprächspartner überlegen, was sich verändern lässt und wo sich beide in die organisationalen Gegebenheiten einfügen müssen.

Das Gespräch kann von Karl natürlich auch als ein organischer Prozess angelegt werden, indem er die Beziehung zu seinem Vorgesetzten auf eine neue Basis stellt und gemeinsam mit ihm eine «Kultur des Dialoges» in regelmäßigen Mitarbeitergesprächen entwickelt. Die Punkte, die Karls Unzufriedenheit begründen, würden so schrittweise zur Sprache kommen und aufgearbeitet werden.

Für Karl würde es mit Sicherheit bereits ein Motivationsschub und damit einen kleinen Schritt in Richtung Reaktivierung bedeuten, wenn das Gespräch mit dem Vorgesetzten überhaupt zustande käme und auf diese Weise eine gegenseitige Abklärung der Erwartungen stattfände.

Für den Fall der Erfolglosigkeit der Strategie bleibt Karl noch der Ausweg über den Betriebs- oder Personalrat, um seine berufliche Situation zu verändern. Aber auch das Gespräch mit der Personalleitung sollte er in Betracht ziehen, um in der Selbstanalyse entwickelte Alternativen, wie beispielsweise einen internen Wechsel in eine andere Aufgabe beziehungsweise Schulungen im Rahmen der Personalentwicklung, zur Sprache zu bringen.

Abhängig davon, wie groß bei Karl der Leidensdruck ist und welche Persönlichkeitsfaktoren dominieren, wird er letztendlich auch über eine äußere Kündigung nachdenken müssen, um die negativen Langfristfolgen einer inneren Kündigung zu vermeiden. Hier ist es für Karl durchaus sinnvoll, eine Kosten-Nutzen-Berechnung vorzunehmen, indem er die vermeintlichen Vorteile in seiner jetzigen Position den Kosten gegenüberstellt, die sein Rückzugsverhalten mit sich bringt. Mit seinen 37 Jahren hat er noch gute Chancen auf dem Arbeitsmarkt, und eine Tätigkeit außerhalb des Öffentlichen Dienstes bringt ihm je nach Arbeitgeber und Verdienst unter Umständen die gleiche Sicherheit. Je länger Karl jedoch wartet, desto schlechter werden mit den Jahren seine Möglichkeiten für einen Wechsel. Hilfreich ist es, diese Überlegungen mit einer Kraftfeldanalyse, wie wir sie auf S. 101 f. des Buches dargestellt haben, über die Identifizierung hinder- und förderlicher Faktoren anzugehen. Vielleicht stellen sich die vermeintlichen «Hindernisse» für einen Wechsel, wie das Haus von Karl und seine Familie, als gar nicht so hinderlich dar.

Regeln für die Rückmeldung:

1. Rückmeldungen über Verhalten sollen ausführlich und beschreibend sein, nicht bewertend!
2. Wenn persönliche Wahrnehmungen, Gefühle oder auch Vermutungen angesprochen werden, bedarf es eines deutlichen Signals!
3. Verallgemeinerungen wie «nie, ständig, immer oder jedes Mal» sind zu vermeiden!
4. Durch das Verhalten des Vorgesetzten ausgelöste Gefühle sollten angesprochen werden!
5. Kriterium bei der Wahl von Formulierungen ist, dass der Sprecher das Gesagte auch selbst akzeptieren würde, ohne verletzt zu sein!
6. Wünsche zum künftigen Führungsverhalten des Vorgesetzten müssen unbedingt geäußert werden!

Fallbeispiel Susanne

Betrachten wir nun den Fall von Susanne. Sie berichtet davon, dass sie ihre Arbeitsleistung zurückgenommen hat und wesentlich mehr Einsatz zeigen könnte. Sie signalisiert ihre innere Kündigung in einem Coaching-Gespräch. Ihre Ausgangsposition für eine sinnvolle Hilfestellung durch den

Coach ist damit für sie viel besser als für Karl, da das Coaching speziell dazu dienen soll, Hilfestellung im Rahmen der beruflichen Tätigkeit zu geben. Susanne skizziert ihre Unzufriedenheit durch folgende Punkte:

◆ Sie fühlt sich von ihrem Arbeitgeber «hinters Licht geführt», da ihr bei ihrem Arbeitsbeginn vor vier Jahren neben einem Auslandseinsatz Weiterbildung und «Karriere» im Unternehmen versprochen worden seien.

◆ Ihren Vorgesetzen erlebt sie als inkompetent und anmaßend, da er ihr fachlich «reinredet».

◆ Auch als Führungskraft empfindet sie ihn als Zumutung, weil er aus ihrer Sicht von Führung nichts versteht.

◆ Sie fühlt sich von seinen Zielvorgaben unter Druck gesetzt.

◆ Er ist für sie nicht glaubwürdig, da er die Anforderungen, die er an sie stellt, selbst nicht erfüllt bzw. lebt.

◆ Sie bezeichnet ihren Chef als «reinen Technokraten», was darauf schließen lässt, dass er die Beziehungsebene in der Kommunikation vernachlässigt.

Susanne ist zu empfehlen, gemeinsam mit ihrem Coach das Thema Leistungsrücknahme zu fokussieren und vor anderen Bereichen, die in einem Coaching zur Sprache kommen, zu bearbeiten. Ihr ist ein ähnliches Vorgehen wie bei Karl zu empfehlen. Mit Blick auf den *Personenfaktor* wird auch hier das Gespräch mit dem Vorgesetzten zentral sein, um gegenseitige Erwartungen zu klären und Susanne die Gelegenheit zu geben, ihr Gefühl der Enttäuschung zurückzumelden. Dabei kann sie auch einen Wunsch zum Kommunikationsverhalten («Beziehungsebene») als Ich-Botschaft formulieren. Da ihr Vorgesetzter mit ihrer Arbeit sehr zufrieden ist und Susanne nicht verlieren möchte, sind das «Versprechen» des Auslandseinsatzes und die in Aussicht gestellte Karriere im Betrieb unter Umständen in «Vergessenheit» geraten. Denn Weiterbildung oder Personalentwicklung bedeuten für einen Vorgesetzten immer auch, dass sich Mitarbeiter «wegentwickeln», insofern sich ihnen mit zunehmender Kompetenz mehr interne und externe berufliche Möglichkeiten bieten. Susanne und ihr Coach sollten die Gesprächssituation mit dem Chef unbedingt im Rollenspiel vorwegnehmen, um ihr Sicherheit und ein Gefühl dafür zu geben, wie sie ihr Anliegen dem Vorgesetzen am geschicktesten vermittelt, ohne dass dieser sein Gesicht verliert.

Auch für Susanne besteht die Chance, den Einstieg in einen Dialog mit der Führungskraft als Beginn einer neuen Gesprächskultur zu nutzen, die es ihr ermöglicht, im ständigen Kontakt mit dem Vorgesetzten nach und nach die Verursacher ihrer Unzufriedenheit aus dem Weg zu räumen.

Die Analyse des *Situationsfaktors* sollte bei Susanne die gesamten Bedingungen im Umfeld ihrer Tätigkeit beinhalten. Insbesondere die Abklärung der Erwartungen bietet für sie die Chance, ihren Handlungsspielraum bei der Arbeit zu erweitern und so das «Reinreden» des Vorgesetzten zu reduzieren. Zwischen Susanne und ihrem Vorgesetzten vereinbarte «Spielregeln» können Spannungen reduzieren helfen.

Die Führungsfähigkeiten ihres Chefs sollte Susanne in gleicher Weise wie Karl thematisieren, indem Sie den Versuch des Abgleichs von Selbst- und Fremdbild für beide Seiten wagt, um so beiden, ihrem Vorgesetzten und sich selbst, eine realistischere Sicht der eigenen Leistungs- bzw. Führungsfähigkeit zu ermöglichen. Hierbei sollte sie ihre Wahrnehmung, dass ihr Vorgesetzter «Wasser predigt, jedoch Wein trinkt», unbedingt in einer für ihn annehmbaren Weise vortragen. Schuldzuweisungen bringen hier nichts und zerstören die Basis für ein Gespräch. Der Vorgesetzte sollte erkennen können, wie sein Stil bei seiner Mitarbeiterin ankommt. Susanne ist weiter zu empfehlen, in ähnlicher Form die von ihr als «drückend» erlebten Zielvorgaben im Gespräch anzusprechen.

Mit Unterstützung ihres Coachs muss Susanne auch die Einflüsse der *Organisationskomponente* bewerten. Hier gibt es mit Sicherheit eine Verbindung von Unternehmenszielen und dem Vorgehen der Führungskraft bei der Zielvereinbarung. Ein Ausleuchten der Strukturen und Abläufe bei der Zielplanung auf der Ebene der Geschäftsleitung und das Herunterbrechen dieser Vorstellungen auf Bereichs- und Abteilungsebene können Verständnis für das Verhalten der Führungskraft wecken. Susanne hätte dann die Möglichkeit, gemeinsam mit ihrem Chef zu überlegen, was sich gestalten lässt und was wohl als Faktum hingenommen werden muss.

Analog der bei Karl geschilderten Möglichkeiten bleibt in diesem Fall natürlich ebenfalls der Weg über die Personalabteilung und Mitarbeitervertretung offen.

Auch bei Susanne ist der Hinweis notwendig, dass sie für mehr Selbsterkenntnis sorgen muss, um den Schritt in eine äußere Kündigung mit klaren Vorstellungen und Erwartungen gehen zu können. Da die Aussagen Susannes keine Hinweise geben, in ähnlicher Weise wie Karl gebunden zu sein, sind bei ihr größere Chancen für eine erfolgreiche Außenorientierung gegeben.

Wechselwirkung zwischen den Faktoren «Person», «Situation» und «Organisation»

Wie im Verlaufe des Rückblicks auf unsere Fallbeispiele deutlich wurde, ist Verhalten am Arbeitsplatz immer ein Ergebnis der Faktoren *Person, Situation und Bedingungen der Organisation*. Unter dem Faktor «Person» werden die Persönlichkeitseigenschaften, Fähigkeiten und Fertigkeiten eines Menschen verstanden, die es ihm erlauben, seine Arbeit erfolgreich auszuführen. Die «Situation» beinhaltet sowohl die konkreten Arbeitsbedingungen, beispielsweise die vorhandene Situationskontrolle, die ergonomischen Bedingungen, aber auch die Kollegen, mit denen der Einzelne zusammenarbeitet. Hierzu gehört auch die konkrete Führungssituation, der ein Mitarbeiter ausgesetzt ist. Der Faktor «Organisation» umfasst alle organisationalen Bedingungen, wie die Aufbau- und Ablauforganisation, das Betriebsklima, die Unternehmenskultur,

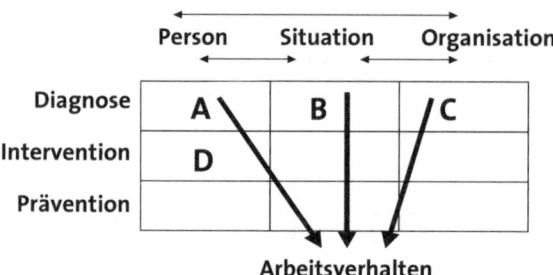

Abb. 17: Die Wechselwirkung zwischen den Faktoren «Person», «Situation» und «Organisation»

Leistungsnormen usw. Alle drei Faktoren stehen in einer Wechselwirkung miteinander, welche durch die Pfeile in Abbildung 17 verdeutlicht wird. Die Schritte der «Diagnose», «Intervention» und «Prävention» zeigen die sinnvolle und Erfolg versprechende Vorgehensweise, was Lösungen und Auswege aus der inneren Kündigung anbelangt. So ist zunächst eine Art Standortbestimmung auf allen drei Ebenen vorzunehmen, um danach Maßnahmen für Veränderungen zu planen und umzusetzen. Schließlich soll das «präventive» Handeln Mitarbeiter erst gar nicht innerlich kündigen lassen.

Nachdem in den Fallbeispielen vor allem die «Intervention» angesprochen wurde, bildet die «Prävention» oder Vorbeugung ein wichtiges Vorgehen gegen die innere Kündigung. Im letzten Abschnitt wollen wir daher noch auf Lösungsansätze eingehen, die im Rahmen der Personalsuche, der Platzierung von Mitarbeitern und deren Entwicklung greifen können.

Mitarbeiterauswahl oder:
Schlüssel und Schloss müssen passen

> Studiere die Menschen, nicht um sie zu
> überlisten und auszubeuten, sondern um
> das Gute in ihnen aufzudecken und in
> Bewegung zu setzen!
>
> *(Gottfried Keller)*

Für die Entstehung einer inneren Kündigung ebenso von Bedeutung wie unausgesprochene Wünsche und Erwartungen von Mitarbeitern im psychologischen Arbeitsvertrag sind Persönlichkeitseigenschaften wie Lage- und Handlungsorientierung. Sie beziehen sich auf die unterschiedlichsten Aspekte der Tätigkeit sowie auf Vorstellungen von Karriere im Unternehmen. Ein Betrieb tut daher gut daran, «passende» Mitarbeiter an die entsprechenden Positionen zu setzen, das heißt den Erfolg suchenden und karrierebewussten Menschen sinnvollerweise Arbeiten zuzuweisen, die ihnen helfen, diese Werte auch leben zu können. Dadurch werden Frustrationen und unnötige Anstrengungen, Unabänderliches verändern zu wollen, vermieden. Lageorientierte Personen finden sich mit Sicherheit dort gut aufgehoben, wo es beispielsweise darum geht, Arbeiten anderer Personen nochmals zu kontrollieren oder auf ihre Richtigkeit hin zu überprüfen, etwa hinsichtlich gesetzlicher Vorschriften oder deren qualitativer Ausführung. Hingegen werden handlungsorientierte Menschen problemloser Tätigkeiten ausfüllen können, bei denen es auf rasches Entscheiden ankommt oder darauf, Aktivitäten in Gang zu setzen. Eine durchdachte Platzierung von Mitarbeitern vermeidet somit tief greifende Enttäuschungen und Überforderungen, die die Gefahr mit sich bringen, in eine innere Kündigung zu geraten. Voraussetzung dafür ist, dass Unternehmen Stellenbeschreibungen und Anforderungsprofile für die einzelnen Positionen erstellen. Eine Stellenbewertung ist genau so wichtig wie die Einschätzung der Person, die diese Stelle einnehmen soll. Je

Prozess der Personalauswahl

Abb. 18: Personalselektion

größer die Schnittmenge der Übereinstimmungen zwischen
den betrieblichen Erwartungen an die persönlichen Eigenschaften, Einstellungen, Verhaltensweisen und die Ausbildung
des Mitarbeiters und dem ist, was der Mitarbeiter «mit-
bringt», desto besser ist die Passung. Dies bedeutet jedoch
auch, dass Stellenbeschreibungen und Anforderungsprofile
kontinuierlich überprüft und fortgeschrieben werden müssen.

Probleme können sich bereits bei externen Bewerbern ergeben, etwa dann, wenn ein Kandidat bei der Bewerbung seine Biographie passend zur Stellenanforderung schönt. Andererseits verwenden nicht wenige Unternehmen viel Phantasie darauf, die zu besetzende Stelle in einem anderen, meist günstigen Licht erscheinen zu lassen. Jeder Bewerber für eine Position trifft auf festgefügte soziale Strukturen und ist unter Umständen unsicher, insbesondere, ob er für die gestellten Anforderungen ausreichend qualifiziert und ihnen gewachsen ist. Hier erweisen sich realistische Informationen im Vorstellungsgespräch als besonders wichtig, da sich nur auf diese Weise beidseitig überzogene Erwartungen und daraus resultierende Enttäuschungen vermeiden lassen.

Enttäuschte Erwartungen auf beiden Seiten werden auch durch eine unzureichende Einarbeitung provoziert, etwa durch mangelndes Feedback über die Fortschritte des neuen Mitarbeiters oder unpräzise Rollenvorgaben. Wird die Stellung des «Neuen» mit den künftigen Kollegen nicht rechtzeitig und ausführlich erörtert, ist die Gefahr von Frustrationen besonders groß. Starke Erwartungsenttäuschungen verhindern die Ausbildung einer stabilen und dauerhaften Bindung des neuen Mitarbeiters an das Unternehmen. Eine positive Bindung an das Unternehmen sollte jedoch das Ziel jedes Einarbeitungsprozesses sein, da diese Bindung eine innere Kündigung vermeiden hilft.

Bei der Auswahl von Personal kann unter Berücksichtigung der angestrebten Tätigkeit auf die Lage- und Handlungsorientierung von Bewerbern ein besonderes Augenmerk gelegt werden. Eine Bewertung dieser Persönlichkeitseigenschaft lässt sich über Fragebogen oder andere Verfahren, etwa ein Assessment-Center, erschließen. Da die Lageorientierung auch bei handlungsorientierten Menschen als Reaktion auf einen nicht veränderbaren Zustand auftreten kann, ist nicht auszuschließen, dass aufgrund von unbefriedigenden Arbeitsbedingungen auch Handlungsorientierte in Gefahr geraten, innerlich zu kündigen.

Mitarbeiter entwickeln und weiterqualifizieren

Die Hauptaufgabe der Personalentwicklung besteht darin, die vorhandenen Fähigkeiten und Neigungen der Mitarbeiter zu erkennen, sie mit Hinblick auf die zukünftigen Anforderungen zu entwickeln und mit den jeweiligen Tätigkeiten in Einklang zu bringen. Verfügen Mitarbeiter nicht über die für eine Aufgabenerfüllung notwendigen Qualifikationen, stellt sich rasch Überforderung, Arbeits*un*zufriedenheit und als mögliche Konsequenz daraus eine innere Kündigung ein. Damit ist Personalentwicklung nicht nur Personalplanung, sondern auch ein Personalführungsinstrument. Strategisch orientierte Personalentwicklung wirkt der inneren Kündigung entgegen, da sie Qualifikationsdefiziten vorbeugt und die Erwartungen des Mitarbeiters aus dem psychologischen Vertrag realistisch befriedigen hilft. Das erstreckt sich auf die Fort- und Weiterbildung und damit den Karrierewunsch des Mitarbeiters genauso wie auf Anpassungshilfen für ihn, damit er den Herausforderungen einer zunehmend komplexer werdenden Arbeitswelt gewachsen ist. Darunter sind etwa Konzepte und Methoden zu verstehen, die mit Sozial- und Methodenkompetenz umschrieben werden können. Eine wachsende Kompetenz des Mitarbeiters muss auch entsprechende Herausforderungen und adäquate Aufgaben nach sich ziehen, da sonst Frustrationen und Unterforderungen vorprogrammiert sind. Des Weiteren ist es eine Aufgabe von Personalentwicklung, darauf hinzuarbeiten, das Selbstmanagement der Mitarbeiter zu verbessern.

Aufbau von Selbststeuerung

Die Aneignung von Techniken der Selbstregulation muss allen Mitarbeitern zugute kommen. Besonders wichtig ist der Aufbau von Selbstkontrolle, wenn es darum geht, Mitarbeitern zu verdeutlichen, dass eine innere Kündigung keine dauerhaft sinnvolle Strategie der Bewältigung unbefriedigender Arbeitsbedingungen ist. Langfristig sind die Auswirkungen der inneren Kündigung eher belastend oder sogar gesundheitsschädlich. Entscheidend für das Entstehen von Selbstvertrauen und Selbstwirksamkeit ist die Erkenntnis, dass Misserfolge weder immer durch die Betroffenen noch durch die Arbeitsbedingungen hervorgerufen werden. Mitarbeiter müssen lernen, sich bei einer gelungenen Aufgabenbewältigung den Erfolg selbst zuzuschreiben. Dies wirkt sich auf die Aufrechterhaltung der Leistungsbereitschaft und der Arbeitszufriedenheit günstig aus. Um dies zu lernen, bieten sich so genannte Attributions-Trainings an, wie sie in Anlehnung an spezielle Therapien durchgeführt werden (vgl. z. B. Försterling, 1985; Heckhausen, 1989). Zusätzlich können Führungskräfte mit der Kenntnis des Mechanismus der Erfolgszuschreibung unsichere Mitarbeiter stützen, indem sie ihnen die verursachenden Verbindungen zwischen ihrem Handeln und dem Erfolg verdeutlichen. Insbesondere wenn Handlungsspielraum zur Verfügung gestellt wird, ist es so für den Einzelnen möglich, sich selbst als Verursacher von Erfolg zu erleben.

Das Orientierungsgespräch im Rahmen der Personalentwicklung

Mitarbeitergespräche dienen dem regelmäßigen oder anlassbezogenen Kontakt zwischen Führungskraft und Mitarbeiter. Zu ihnen zählen alle Gespräche, die über die routinemäßige Alltagskommunikation hinausgehen. Kommunikation, die im direkten Zusammenhang mit der Erledigung der Arbeitsaufgabe steht, fällt nicht in die Kategorie Mitarbeitergespräche. Vielmehr geht es um besondere Anlässe oder Themen, die beide, Führungskraft und Mitarbeiter, veranlassen, sich zusammenzusetzen und ihre Meinungen auszutauschen. Unterschieden werden etwa Zielvereinbarungs-, Kritik-, Problemlöse-

oder Anerkennungs- und Erwartungsgespräche. Alle Formen stellen wichtige Instrumente der Führung dar und werden gewöhnlich als Vier-Augen-Gespräche mit dem direkten Vorgesetzten geführt. Zur Vermeidung von innerer Kündigung kommt denjenigen Gesprächen eine besondere Bedeutung zu, bei denen die Anerkennung der Leistungen des Mitarbeiters sowie die Erwartungen seitens des Vorgesetzten im Mittelpunkt stehen. Zur Aufgabe einer Führungskraft gehört es deshalb auch, mindestens einmal im Jahr mit dem Mitarbeiter ausführlich über dessen Aufgabenerfüllung und Zielerreichung sowie seine künftige berufliche Entwicklung zu sprechen. Für Vorgesetzte bietet sich dabei die Gelegenheit, im Dialog mit dem Mitarbeiter eine Rückmeldung zum eigenen Führungsverhalten zu erhalten (Vorgesetzten-Feedback). Unter dem Aspekt des gegenseitigen Feedbacks hat sich im betrieblichen Sprachgebrauch der Begriff *Orientierungsgespräch* durchgesetzt, weil das Gespräch als Standortbestimmung für Mitarbeiter und Vorgesetzte gleichermaßen dient. Damit ist es zugleich ein Motivationselement und ein Instrument zur Verbesserung der Zusammenarbeit. Für den Mitarbeiter liefert es Orientierung hinsichtlich seiner Leistungen, seiner Entwicklungspotenziale und seiner Karriere. Der Führungskraft ist es zur Festigung des Engagements und der Initiative des Mitarbeiters nützlich und unterstützt sie beim Korrigieren unrealistischer Erwartungen des Mitarbeiters. Zugleich ist es ein hilfreiches Instrument, um Mitarbeiter rechtzeitig bei einer sinnvollen Karriereplanung zu unterstützen, die verhindert, dass der Gedanke an das eigene Fortkommen zu spät entwickelt wird. Einer inneren Kündigung wird das Orientierungsgespräch nur vorbeugen können, wenn es glaubhaft geführt wird, das heißt angemessen vorbereitet ist und ohne Zeitdruck, aber zielgerichtet abläuft.

6. Unser Schlusswort!

Aus unseren Ausführungen ist wohl deutlich geworden, dass das Phänomen der inneren Kündigung ein komplexes Geschehen ist und dementsprechend in der Regel eine differenzierte Diagnose und «Therapie» erforderlich macht. Eine Art Rezeptanweisung konnten wir freilich nicht liefern. Wir haben versucht, das Phänomen der inneren Kündigung in einem ausgewogenen Verhältnis von Wissenschaftlichkeit, Praxisbezug und praktischen Ratschlägen sowohl für am Thema interessierte Leser als auch für Führungskräfte und selbst Betroffene aufzubereiten. Wir hoffen, dass uns dies gelungen ist. Hierzu haben wir Forschungsergebnisse zum Verbreitungsgrad des Phänomens der inneren Kündigung und zu den Zusammenhängen, die in die innere Kündigung führen können, referiert, sowie die problematische Begriffsbestimmung des Phänomens beleuchtet. Diskutiert haben wir die gesellschaftlichen, betrieblichen und persönlichen Ursachen und den theoretischen Hintergrund aus Sicht der Psychologie, die für das Verständnis der Entstehung des Rückzugsverhaltens beim heutigen Wissensstand relevant sind. Als zentrale Ursache für eine innere Kündigung haben wir den Bruch des psychologischen Arbeitsvertrages beschrieben, der eine Vielzahl von impliziten Erwartungen an das Unternehmen bzw. den Arbeitgeber oder Dienstherrn beinhaltet. Im Verlaufe unserer Darstellung haben wir deutlich zu machen versucht, dass die innere Kündigung Prozesscharakter besitzt, also in unterschiedlicher Ausprägung zu beobachten ist und sich zudem in den Konsequenzen für den Mitarbeiter unterscheidet. Dieser schleichende Prozess ist schließlich auch für unterschiedliche (Verarbeitungs-)Typen verantwortlich, so dass die Gruppe der innerlich Gekündigten als sehr heterogen angesehen werden muss.

Bei unseren Lösungsvorschlägen haben wir den Versuch unternommen, «Lösungen und Auswege» aus der inneren Kündigung aufzuzeigen. Dabei ist uns klar, dass wir einen «Kessel Buntes» anbieten. Gleichwohl werden die vielfältigen Hinweise und Tipps der heterogenen Gruppe der Betroffenen und dem Phänomen der inneren Kündigung durchaus gerecht, denn je nach «Diagnose» des Verursachungszusammenhanges ist eine andere «Therapie» beziehungsweise «Präventionsstrategie» sinnvoll.

Eine sorgfältige Analyse muss die Krisenherde offen legen; erst danach sind verschiedene Bewertungen und Ansatzpunkte möglich. Ist das Problem in der Organisationsstruktur des Unternehmens oder im psychologischen Klima der Arbeitsgruppe begründet oder liegt es an einzelnen Personen, also am Vorgesetzten oder am Mitarbeiter? Abhängig davon sind Aussprachen, Beratungen, Einstellungs- und Verhaltensänderungen, regelrechte psychologische Interventionen oder betrieblich-organisatorische Maßnahmen erforderlich.

Wir hoffen, dass unsere Ausführungen den am Prozess der inneren Kündigung in irgendeiner Form Beteiligten einen Einblick in das Bedingungsgefüge eröffnet haben. Wir hoffen zudem, dass wir dazu ermutigen konnten, in geeigneter Art und Weise damit umzugehen. Denn ein gleichgültiges Hinnehmen und Erdulden der inneren Kündigung ist angesichts der überwiegend negativen Konsequenzen wohl der schlechteste Weg.

Anhang

Literatur

Adams, J. S. (1965). Inequity in social exchange. In L. Berkowitz (Hrsg.), *Advances in experimental social psychology*, Vol. 2 (S. 267–299). New York: Academic Press.

Alioth, A. (1980). *Entwicklung und Einführung neuer Arbeitsformen*. Bern/Stuttgart: Huber.

Argyris, Chr. (1985). *Strategy, change, and defensive routines*. Boston: Pitman.

Argyris, Chr. (1990). *Integrating the individual and the organization*. New Brunswick: Transaction Publishers.

Atkinson, J. W. (1957). Motivational determinants of risk-taking behavior. *Psychological Review, 64*, 359–372.

Barnard, Ch. I. (1938). *The function of the executive*. Cambridge, Mass.: Harvard University Press.

Bateson, G. (1981). *Ökologie des Geistes*. Frankfurt/M.: Suhrkamp.

Berner, S. (1999). *Reaktionen der Verbleibenden auf einen Personalabbau*. Bamberg: Dissertation der Universität St. Gallen.

Berthel, J. (1991). *Personalmanagement. Grundzüge für Konzeptionen betrieblicher Personalarbeit*. Stuttgart: Poeschel.

Blau, P. M. (1964). *Exchange and power in social life*. New York: Wiley.

Blau, G. & Boal, K. (1987). Using job involvement and organizational commitment interactivity to predict turnover. *Journal of Management, 15*, 115–127.

Blauner, R. (1964). *Alienation and freedom*. Chicago: University of Chicago Press.

Bolte, K. M. & Voß, G. G. (1988). Veränderungen im Verhältnis von Arbeit und Leben. In: L. Reyher & J. Kühl (Hrsg.), *Resonanzen. Beiträge zur Arbeitsmarkt- und Berufsforschung*, Nr. 111, (S. 72–93). Nürnberg: IAB.

Borg, I. (1989). Korrelate der subjektiven Sicherheit der Arbeitsstelle. *Zeitschrift für Arbeits- und Organisationspsychologie, 33*, 117–124.

Brehm, J. W. (1966). *A theory of psychological reactance*. New York: Academic Press.

Brinkmann, R. (1993). *Personalpflege – Gesundheit, Wohlbefinden und Arbeitszufriedenheit als strategische Größen im Personalmanagement*. Heidelberg: Sauer.

Brinkmann, R. (1995). *Mobbing. Bullying. Bossing. Treibjagd am Arbeitsplatz*. Heidelberg: Sauer

Brinkmann, R. (1997). *Mitarbeiter-Coaching – Der Vorgesetzte als Coach seiner Mitarbeiter*. Heidelberg: Sauer, 2. Auflage.

Brinkmann, R. (1998). *Vorgesetzten-Feedback – Rückmeldungen zum Führungsverhalten – Grundlagen und Anleitungen für die Praxis*. Heidelberg: Sauer.

Brinkmann, R. (1999). *Techniken der Personalentwicklung, Trainings- und Seminarmethoden*. Heidelberg: Sauer.

Brinkmann, R. (2002). *Mobbing. Bullying. Bossing*. Treibjagd am Arbeitsplatz. Heidelberg: Sauer, 2. Auflage.

Brinkmann, R. & Stapf, K. H. (2001). Die Innere Kündigung aus der Sicht von Arbeitnehmern. *Personal*, 53, 688–693.

Brockner, J. (1988). The effects of work layoffs on survivors: research, theory, and practice. In: B. M. Staw & L. L. Cummings (Eds.) *Research in Organizational Behavior*, Vol. 10 (S. 213–255). JAI Press.

Brosziewski, A. (1994). Expertenschaft in Führungskritik. Zur Semantik und Struktur einer kasuistischen Praxis. In: Hitzler, Ronald; Honer, Anne; Maeder, Christoph (Hrsg.): *Expertenwissen. Die institutionalisierte Kompetenz zur Konstruktion von Wirklichkeit*, Opladen: Westdeutscher Verlag, S. 104–123.

Bruggemann, H., Groskurth, P. & Ulich, E. (1975). *Arbeitszufriedenheit*. Bern: Huber.

Buckingham, M. & Coffman, C. (2002). *Erfolgreiche Führung gegen alle Regeln*. Frankfurt/M.: Campus, 2. Auflage.

Büchi, W. (1992). Die aktive Laufbahngestaltung als Instrument zur Überwindung und Verhinderung der inneren Kündigung. In: M. Hilb (Hrsg.). *Innere Kündigung. Ursachen und Lösungsansätze* (S. 65–73). Zürich: Verlag Industrielle Organisation.

Burisch, M. (1989). *Das Burnout-Syndrom. Theorie der inneren Erschöpfung*. Berlin/Heidelberg: Springer.

Conrad, P. (1988). *Involvementforschung. Motivation und Identifikation in der verhaltenswissenschaftlichen Organisationstheorie*. Berlin/New York: de Gruyter.

Cook, J. & Wall, T. (1980). New work attitude measures oft trust, organizational commitment and personal need non-fulfillment. *Journal of Occupational Psychology*, 53, 39–52.

Demerouti, E. (1999). *Burnout. Eine Folge konkreter Arbeitsbedin-*

gungen bei Dienstleistungs- und Produktionstätigkeiten. Frankfurt/M.: Peter Lang.

Deutschmann, Ch. (2001): Führungskräfte der Wirtschaft: Entzauberung einer Elite? In: Abel, J. & Sperling, H. J. (Hrsg.), *Umbrüche und Kontinuitäten.* München/Mering: Hampp.

Echterhoff, W., Poweleit, D. & Schindler, U. (1994). *Innere Kündigung.* Düsseldorf/Wien: Econ.

Ellis, A. (1977). *Die rational-emotive Therapie: Das innere Selbstgespräch bei seelischen Problemen und seine Veränderung.* München: Pfeiffer.

Elsik, W. (1994). Innere Kündigung. In: E. Dichtl & O. Issing (Hrsg.), *Vahlens Großes Wirtschaftslexikon,* Band 2. (S. 993–994). München: Vahlen.

Etzioni, A. (1975). *A Comparative Analysis of Complex Organisations – On Power Involvement, and their Correlates.* New York: Englewood Cliffs.

Faller, M. (1991). *Innere Kündigung, Ursachen und Folgen.* München/Mering: Hampp.

Faller, M. (1993). *Innere Kündigung, Ursachen und Folgen.* München/Mering: Hampp, 2. Auflage.

Fassel, D. (1991). *Wir arbeiten uns noch zu Tode.* München: Kösel.

Försterling, F. (1985). Attributional Retraining, *Psychological Bulletin,* 98, 495–512.

Gross, P (1992). Ein Betrieb ist kein Aquarium. In: M. Hilb (Hrsg.), *Innere Kündigung: Ursachen und Lösungsansätze* (S. 87–97). Zürich: Verlag Industrielle Organisation.

Hablützel, P. (1992) Innere Kündigung aus der Sicht eines Personalverantwortlichen in der öffentlichen Verwaltung. In: M. Hilb (Hrsg.), *Innere Kündigung: Ursachen und Lösungsansätze* (S. 31–36). Zürich: Verlag Industrielle Organisation.

Heckhausen, H. (1989). *Motivation und Handeln.* Berlin/Heidelberg: Springer, 2. Auflage.

Henkoff, R. (1994). Getting beyond downsizing. *Fortune,* Vol. 123, January 10, 58–64.

Hilb, M. (1992). Ursachen – Folgen – Lösungsansätze In: M. Hilb (Hrsg.), *Innere Kündigung, Ursachen und Lösungsansätze* (S. 3–26). Zürich: Verlag Industrielle Organisation.

Hillengaß, H. W. (1994). *Ressource Mitarbeiter.* Stuttgart: Klett.

Höhn, R. (1982). Die Innere Kündigung – ein schlimmes Thema. *Frankfurter Zeitung – Blick durch die Wirtschaft,* Nr. 11 v. 18. 1. 1982.

Höhn, R. (1989): *Die innere Kündigung in der Verwaltung.* Stuttgart: Moll.

Homans, G. C. (1961). *Social behavior: Its elementary forms.* New York: Harcourt.

Inglehart, R. (1989). *Wertewandel in der westlichen Welt.* Frankfurt/ M.: Campus.

Jahoda, M. (1983). *Wieviel Arbeit braucht der Mensch?* Weinheim: Beltz.

Kaiser, G., H.-G. Kerner, F. Sack & H. Schellhoss (Hrsg.) et al. (1985). *Kleines kriminologisches Wörterbuch.* Heidelberg: Müller.

Kanungo, R. N. (1982). Measurement of job and work involvement. *Journal of Applied Psychology,* Vol. 67, 3, 341–349.

Karoly, P. (1993). Mechanisms of Self-Regulation: A Systems View. *Annual Review of Psychology,* 44, 23–52.

Klages, H. (1984). *Wertorientierungen im Wandel. Rückblick, Gegenwartsanalyse, Prognosen.* Frankfurt/M./New York: Campus.

Kleinbeck, U. (1996). *Arbeitsmotivation: Entstehung, Wirkung und Förderung.* Weinheim: Juventa.

Klipstein, M. v. & Strümpel, B. (1985). *Gewandelte Werte – Erstarrte Strukturen. Wie die Bürger Wirtschaft und Arbeit erleben.* Bonn 1985.

Krenz-Maes, A. (1996). *Messung von Innerer Kündigung.* Wuppertal: Bergische Universität, Fachbereich Psychologie, unveröffentl. Diplomarbeit.

Krystek, U., Becherer, D. & Deichelmann, K. H. (1995). *Innere Kündigung, Ursachen, Wirkungen und Lösungsansätze auf Basis einer empirischen Untersuchung.* Münching/Mering: Hampp.

Kübler-Ross, E. (1969). *On death and dying.* New York: Macmillan.

Kuhl, J. (1983). *Motivation, Konflikt und Handlungskontrolle.* Berlin: Springer.

Lerner, M. J. (1980). *Belief in a just world.* New York: Plenum Press.

Leventhal, G. S. (1980). What should be done with equity theory? New approaches to the study of fairness in social relationships. In: K. J. Gergen, M. S. Greenberg & R. H. Willis (Hrsg.), *Social exchange: Advances in theory and research* (S. 27–55). New York: Plenum Press.

Leymann, H. (1993). *Mobbing.* Reinbek bei Hamburg: Rowohlt

Löhnert, W. (1990). *Innere Kündigung. Eine Analyse aus wirtschaftspsychologischer Perspektive.* Frankfurt/Main/Bern/New York/Paris: Lang.

March, J. G. & Simon, H. A. (1958). *Organizations*. New York: Wiley.

Massenbach von, K. (2000). *Die Innere Kündigung zwischen Burnout und Hilflosigkeit*. Zürich: Orgalife.

McGregor, D. (1960). *The human side of enterprise*. New York: McGraw-Hill.

Mikula, G. (1983). Gerechtigkeit. In: D. Frey & S. Greif (Hrsg.), *Sozialpsychologie. Ein Handbuch in Schlüsselbegriffen* (S. 174–177): München: Urban & Schwarzenberg.

Moser, K. (2002). Persönlichkeit und kontraproduktives Verhalten. Organisierte Kriminalität – oder gesellschaftliche Desorganisation? *Zeitschrift für Angewandte Sozialforschung*, 22, Heft 3/4, 217–223.

Nachbagauer, A. & Riedl, G. (1996). *Innere Kündigung im interkulturellen Kontext*. Paper für den 7. Internationalen Workshop «Kultur und Management – Management und Kultur». Wien: 2. Dezember 1996.

Nerdinger, F. W. (1992). Kommunikative Validierung und Datenfeedbacks in der Werteforschung – Ergebnisse aus quantitativen und qualitativen Langzeitbefragungen. In: H. Klages, H.-J. Hippler & W. Werbert (Hrsg.), *Werte und Wandel. Ergebnisse und Methoden einer Forschungstradition* (S. 653–671). Frankfurt/Main: Campus.

Neuberger (1994). *Mobbing – Übel mitspielen in Organisationen*. München.

Neuberger, O./Kompa. A (1987). *Wir, die Firma*. Psychologie heute. Weinheim.

Noelle-Neumann, E. (1978). *Werden wir alle Proletarier? Wertewandel in unserer Gesellschaft*. Zürich: Edition Interform.

Noer, D. A. (1993). *Healing the wounds: overcoming the trauma of layoffs and revitalizing downsized organizations*. San Francisco: Jossey-Bass.

Poppelreuter (1997). *Arbeitssucht*. Weinheim: Psychologie Verlags Union.

Porter, L. W. & Lawler, E. E. (1968). *Managerial attitudes and performance*. Homewood, Ill.: Irwin-Dorsey.

Rahn, H. J. (1996). *Betriebliche Führung*. Ludwigshafen (Rhein): Kiehl.

Raidt, F. (1989). Innere Kündigung. In: Strutz, H. (Hrsg.), *Handbuch Personalmarketing* (S. 68–83). Wiesbaden: Gabler.

Riedl, G. (1996). Leistungserbringung im Krankenhaus zwischen Burnout und Innerer Kündigung. In: M. Müller (Hrsg.). *Perso-*

nalmanagement im Unternehmen Krankenhaus, Wien: Manz, S. 53.

Rüber, A. (1990). *Die Innere Kündigung – Untersuchung am Beispiel von Schweizer Grossbetrieben*. St. Gallen: Diplomarbeit HSG.

Saleh, S. D. & Hosek, J. (1976). Job involvement: concepts and measurements. *Academy of Management Journal*, 19, 213–224.

Schein, E. H. (1980). *Organisationspsychologie*. Wiesbaden: Gabler.

Schmidtchen, G. (1984). *Neue Technik Neue Arbeitsmoral*. Köln: Deutscher Instituts-Verlag.

Seeman, M. (1959). On the meaning of alienation. *American Sociological Review*, 24, 783–791.

Seligman, M. E. P. (1975). *Helplessness. On depression, development and death*. San Francisco: Freemann.

Seligman, M. (1993): *Pessimisten küsst man nicht – Optimismus kann man lernen*; S. 381; Droemer Knaur.

Seligman, M. E. P. & Maier, S. F. (1967). Failure to escape traumatic shock. *Journal of Experimental Psycholgy*, 74, 1, 1–9.

Selye, H. (1974). *Streß, Bewältigung und Lebensgewinn*. München: Piper.

Semmer, N. & Udris, I. (1993). Bedeutung und Wirkung von Arbeit. In: Schuler, H. (Hrsg.), *Organisationspsychologie* (S. 133–166). Bern: Huber.

Seyler, M. (1992): Arbeit macht Spaß. *Rheinische Wirtschaft*, Heft 9, 3–4.

Siegrist, J. (1996). *Soziale Krisen und Gesundheit*. Göttingen: Hogrefe.

Six, B. & Kleinbeck, U. (1989). Arbeitsmotivation und Arbeitszufriedenheit. In: E. Roth (Hrsg.), *Organisationspsychologie. Enzyklopädie der Psychologie*, Bd. 3 (S. 348–398). Göttingen: Hogrefe.

Spector, P. E. (1975). Relationships of organizational frustration with reported behavioral reactions of employees. *Journal of Applied Psychology*, 60, Nr. 5, 635–637.

Spence, J. & Robbins, A. (1992). Workaholism: Definition, Measurement, and Preliminary Results. *Journal of Personality Assessment*, 58, 160–178.

Stapf, K. H. (1996): Das Phänomen der «Inneren Kündigung» aus psychologischer Sicht. In: *Die Globalisierung und ihre Folgen für die Deutsche Wirtschaft und die Europäische Union*, hrsg. von der Studiengesellschaft für Mittelstandsfragen e. V. (S. 154–175). München.

Stengel, M. (1993). Wertewandel. In: L. v. Rosenstiel, E. Regnet & M. Domsch (Hrsg.), *Führung von Mitarbeitern*. Stuttgart: Schäffer-Poeschel.

Stroebe, W. (1980). *Grundlagen der Sozialpsychologie I*. Stuttgart: Klett-Cotta.

Stroebe, W., Jonas. K. & Hewstone, M. (2002) *Sozialpsychologie*. Berlin/Heidelberg: Springer, 4. Auflage.

Strümpel, B. (1985). Arbeitsmotivation im sozialen Wandel. In: *Die Betriebswirtschaft*, 4, 1985.

Thibaut, J. W. & Kelley, H. H. (1959). *The social psychology of groups*. New York: Wiley.

Uepping, H. (1997). Die Leistung der Erfahrung – Altersorientierte Personalentwicklung. In: F. Kayser & H. Uepping (Hrsg.), *Kompetenz der Erfahrung* (S. 166–185). Neuwied: Luchterhand.

Ulich, E. (1991). *Arbeitspsychologie*. Zürich: Verlag der Fachvereine, Stuttgart: Schäffer-Poeschel.

Ulich, E., Groskurth, P. & Bruggemann, A. (1973). *Neue Formen der Arbeitsgestaltung*. Frankfurt/M.: Europäische Verlagsanstalt.

Volpert, W. (1987). Psychische Regulation von Arbeitstätigkeiten. In: U. Kleinbeck & J. Rutenfranz (Hrsg.), *Enzyklopädie der Psychologie, Themenbereich D., Serie III, Bd. 1: Arbeitspsychologie* (S. 1–42). Göttingen: Hogrefe.

Walster, E, Walster, G. & Berscheid, E. (1978). *Equity: Theory and research*. Boston: Allyn & Bacon.

Walter, H. (1993). *Mobbing: Kleinkrieg am Arbeitsplatz*. Frankfurt/M./New York.

Weinert, A. B. (1987). *Lehrbuch der Organisationspsychologie*. München-Weinheim: Psychologie Verlags Union, 2. Auflage.

Weiskopf, P. E. (1980). Burnout among teacher of exceptional children. *Exceptional Children*, 47, 18.

Wiendieck, G. (1994). *Arbeits- und Organisationspsychologie*. Berlin/München: Quintessenz.

Wortman, C. B. & Brehm, J. W. (1975). Responses to uncontrollable outcomes: An integration of reactance theory and the learned helplessness model. In: L. Berkowitz (Hrsg.), *Advances in experimental social psychology*, Vol. 8 (S. 277–336). New York: Academic Press.

Wottawa, H. & Gluminski, I. (1995). *Psychologische Theorien für Unternehmen*. Göttingen: Verlag für Angewandte Psychologie.

Zuschlag, B. (1994). *Mobbing: Schikane am Arbeitsplatz; erfolgreiche Mobbing-Abwehr durch systematische Ursachenanalyse*. Göttingen: Verlag für Angewandte Psychologie.

Die Autoren

Ralf D. Brinkmann ist Professor für Wirtschaftspsychologie am Fachbereich für Sozial- und Verhaltenswissenschaften der Fachhochschule Heidelberg.

Kurt H. Stapf ist Professor für Psychologie an der Universität Tübingen und leitet dort die Abteilung Allgemeine und Angewandte Psychologie.

Aus dem Verlagsprogramm

Moderne Gesellschaft und Psychologie bei C.H.Beck

Jürgen August Alt
Richtig argumentieren
oder wie man in Diskussionen Recht behält
2005. 167 Seiten mit 3 Abbildungen und 3 Tabellen. Paperback
(Beck'sche Reihe Band 4035)

Ulrich Beck/Wilhelm Vossenkuhl/
Ulf Erdmann Ziegler/ Timm Rautert
Eigenes Leben
Ausflüge in die unbekannte Gesellschaft, in der wir leben
16. Tsd. 1995. 216 Seiten mit 105 Fotografien in Duoton von
Timm Rautert
Klappenbroschur

Volker Faust
Seelische Störungen heute
Wie sie sich zeigen und was man tun kann
3. Auflage. 2003. 382 Seiten. Paperback
(Beck'sche Reihe Band 1287)

Ute Gerhard/Trudi Knijn/Anja Weckwert (Hg.)
Erwerbstätige Mütter
Ein europäischer Vergleich
2003. 253 Seiten. Paperback
(Beck'sche Reihe Band 1514)

Wolfgang Hagemann
Burn-Out bei Lehrern
Ursachen, Hilfen, Therapien
2003. 304 Seiten mit 14 Abbildungen und 2 Tabellen
Broschiert

Rolf Haubl
Neidisch sind immer nur die anderen
Über die Unfähigkeit, zufrieden zu sein
3. Auflage. 2004. 325 Seiten mit 13 Abbildungen
Broschiert

Verlag C.H.Beck

Moderne Gesellschaft und Psychologie bei C.H.Beck

Ulfert Herlyn (Hg.)
Grundformen sozialer Situationen
Eine kleine Grammatik des Alltagslebens
1996. 237 Seiten. Broschiert

Marie-France Hirigoyen
Wenn der Job zur Hölle wird
Seelische Qualen am Arbeitsplatz und wie man sich dagegen wehrt
Aus dem Französischen von Irmengard Gabler
2002. 396 Seiten. Broschiert

Horst Kern/Michael Schumann
Das Ende der Arbeitsteilung?
Rationalisierung in der industriellen Produktion:
Bestandsaufnahme, Trendbestimmung
4., um ein Nachwort erw. Auflage. 1991. 371 Seiten
mit 12 Abbildungen. Broschiert

Klaus M. Leisinger
Unternehmensethik
Globale Verantwortung und modernes Management
1997. 250 Seiten. Leinen

Kurt Theodor Oehler
Rivalität
und wie man richtig damit umgeht
2003. 167 Seiten. Paperback
(Beck'sche Reihe Band 1515)

Harro von Senger
Die Kunst der List
Strategeme durchschauen und anwenden
4. Auflage. 2004. 197 Seiten mit 2 Abbildungen. Paperback
(Beck'sche Reihe Band 1442)

Verlag C.H.Beck